Sri Lanka

Tee · Tempel · Turmaline
Land der lauten und der leisen Töne

Florian Adler
Fotos

Martin Stürzinger
Texte

G. Braun

Sri Lanka

Tee · Tempel · Turmaline
Land der lauten und der leisen Töne

Dieses Buch ist meiner Frau Sanderein Adler gewidmet.

Ich danke Agfa Gevaert für die gute Zusammenarbeit, die letztlich auch zu diesem Buch führte.

Alle Fotos entstanden auf Agfachrome RS 50, RS 100 und 200 RS. Besonders möchte ich hier Hubert Eirund und Hans Figge herausstellen mit ihrer freundlichen Hilfe.
Florian Adler

G. BRAUN BUCHVERLAG **ℬℬ**

© 1995 by G. Braun (vorm. G. Braunsche Hofbuchdruckerei und Verlag) GmbH, Karlsruhe
Gestaltung: Robert Dreikluft
Herstellung: G. Braun Druckerei GmbH & Co. KG, Karlsruhe
Satz: Barbara Herrmann, Freiburg
Lithos: System-Repro GmbH, Filderstadt

Die Deutsche Bibliothek – CIP-Einheitsaufnahme

Sri Lanka : Tee, Tempel, Turmaline ; Land der lauten und leisen Töne / Florian Adler Fotos. Martin Stürzinger Texte. – Karlsruhe : Braun, 1995
ISBN 3-7650-8148-5
NE: Adler, Florian; Stürzinger, Martin

Inhalt

Bildlegenden: Florian Adler

Taprobane, Serendib, Ceylon – Vielfalt und Kontraste der Tropeninsel

Palmen am tropischen Sandstrand und nebelverhangene Teeplantagen im Hochland. Lehmhütten am Straßenrand und der Fünfsternepalast in Colombo. Ochsenkarren und Limousinen mit getönten Scheiben und Klimaanlage. Freundliche Kellner und waffenstrotzende Teenager-Guerilleros. Eine Insel und so viele Eindrücke! Was macht nun Sri Lanka aus?

Sri Lanka ist das alles zusammen. Wohl nirgends sonst kann man auf so kleinem Raum derart verschiedene Landschaften erleben. Palmenstrände, Regenwälder, Sanddünen, Wasserfälle oder neblige Gebirge, all das ist innerhalb weniger Stunden erreichbar. Wer von der Küste ins Hochland fährt, wird verblüfft feststellen, daß er doch einen Pullover hätte einpacken sollen. Wer nur Palmen erwartet, wird über die riesigen Farnwälder erstaunt sein. Und wer sich über den blauen Himmel freut, wird möglicherweise schon Minuten später von einem Monsunregen vertrieben.

Vielfalt und Kontraste zeichnen diese Insel aus, die so oft als Paradies bezeichnet worden ist. Sir James Emerson Tennent schrieb schon 1859 in seinem immer noch lesenswerten *Ceylon, An Account of the Island: Es gibt keine Insel in der Welt, Großbritannien nicht ausgeschlossen, welche die Aufmerksamkeit von Autoren aus so vielen verschiedenen Zeitaltern und Ländern angezogen hat wie Ceylon.* Der Leipziger Emil Schmidt kam 1897 in der Einleitung zu seinem Buch *Ceylon* ebenfalls zum Schluß: *An Schilderungen der Tropenschönheit Ceylons besteht in unserer Litteratur eher Überfluß als Mangel: keiner der schriftstellernden Reisenden, die Ceylon berührten, hat sich dem Zauber seiner Natur und der Versuchung, denselben in begeisterten Worten zu preisen, entziehen können.*

Sri Lanka ist die grüne Insel. Vom tropischen Regenwald bis zu den steppenähnlichen Hochebenen wachsen und wuchern Pflanzen aller Art. Sri Lanka ist ein Land der Freundschaft. Überall begegnet man lachenden Kindern und Erwachsenen und wird freundlich begrüßt. Sri Lanka ist ein Schmelztiegel der Religionen. Tempel, Kirchen, Moscheen zeugen von der religiösen Vielfalt und dem friedlichen Nebeneinander. Sri Lanka ist natürlich die Insel des Tees, aber auch diejenige der Edelsteine. Es ist das Land der Feste. Vermutlich nirgends auf der Welt gibt es mehr Festtage als hier, jeder Besucher wird irgendwann irgendwo eines der vielen Feste erleben können. Und Sri Lanka ist ein Land des Terrors. Während langen Jahren waren den Sicherheitskräften systematische Menschenrechtsverletzungen anzulasten, bemängelt Amnesty International. Ende der achtziger Jahre sind Zehntausende von Personen „verschwunden", vermutlich getötet von Todesschwadronen.

Spätestens 1983 hat das Paradies seine Unschuld endgültig verloren. In der Folge machte der Konflikt zwischen Singhalesen und Tamilen, den beiden größten Volksgruppen auf Sri Lanka, Schlagzeilen. Die bunte Vielfalt wurde zur Belastung, die das Land an den Rand des offenen Bürgerkriegs brachte. Nun gingen Singhalesen gegen Tamilen vor, Extremisten gegen Gemäßigte, Nationalisten gegen

Liberale, Polizei und Armee gegen Aufständische. Der Staat drohte im Chaos unterzugehen.

Nach Jahren scheint das Land jetzt herauszufinden aus all diesen Konflikten. Die Vielfalt besteht nach wie vor, ohne sie ist Sri Lanka gar nicht denkbar. Das beginnt schon bei der Bevölkerung. Fast drei Viertel der Einwohner sind Singhalesen. Aber das letzte Viertel ist ein buntes Völkergemisch. Die größte Gruppe sind mit 18 Prozent die Tamilen, die auch eine eigene Sprache sprechen. Mauren, die Nachfahren arabischer und persischer Händler, machen weitere sieben Prozent aus. Daneben gibt es Burgher, Mischlinge mit europäischem, meist holländischem Blut, Malaien, die Nachfahren malaiischer Soldaten und die letzten überlebenden Weddas, die Ureinwohner Sri Lankas. In Colombo schließlich leben auch Chinesen, Inder, Pakistani und Thais.

Diese Vielfalt der Volksgruppen hat ihre Entsprechung bei den Religionen. Fast alle Singhalesen sind Buddhisten, die meisten Tamilen sind Hindus. Etwa sieben Prozent der Bevölkerung bekennen sich zum Christentum. Mauren und Malaien sind moslemischen Glaubens. Neben den vier großen Religionen existiert vielerorts noch eine animistische Tradition, die sich in magisch-religiösen Kulten ausdrückt. Die kleine Insel mit rund 18 Millionen Einwohnern kennt zudem drei Amtssprachen: Singhalesisch, Tamilisch und Englisch, jede mit eigener Schrift.

Kein Wunder, daß die Insel schon Dutzende von Namen hatte. In frühen indischen und srilankischen Chroniken wurde sie Lanka genannt. Aber auch als Ratnadipa, Insel der Edelsteine, oder Nagadipa, Insel der Schlangen wurde sie schon früh erwähnt. Als die Vorfahren der Singhalesen im Nordwesten landeten, nannten sie die Gegend Tambapanni, kupferfarben, ein Name, den die Insel lange Zeit behielt. Die griechischen Seefahrer, welche die Insel schon damals besuchten, machten daraus Taprobane.

Ein Mythos führte dazu, daß sich die Adligen für Abkömmlinge eines Löwenmenschen hielten und sich Sinhala, von Sinha, Löwe, nannten. Schließlich bezeichneten sich auch die Gefolgsleute so. Sinhala oder Sinhaladipa, die Insel der Sinhala, führte zu weiteren Namen. Arabische Händler machten aus Sinhaladipa ihr Serendib. Unter den portugiesischen Kolonialherren wurde aus Sinhala Ceilao. Die Holländer, welche die Portugiesen verdrängten, veränderten diesen Namen in Ceilan, und die Briten als letzte Kolonialisten nannten die Insel Ceylon.

1972 wurde die Insel offiziell in Sri Lanka umbenannt, was mit strahlend schöne Insel übersetzt werden könnte. Weil Sri mit seinen drei Buchstaben als schlechtes Omen galt, wurde der Name 1993 in Shri Lanka abgeändert, eine Bezeichnung, die sich bisher nur zum Teil durchsetzen konnte.

Auch die Vielfalt der Namen zeigt es an: Sri Lanka zog von jeher Reisende aus aller Welt an. Dank den Passatwinden gelangten schon griechische und römische Händler nach Sri Lanka. Der chinesische Pilger Fa Hsien besuchte Sri Lanka im 5. Jahrhundert und war begeistert von seinem Reichtum. Er habe, so schrieb er, eine Buddha-Halle aus Gold und Silber und kostbaren Steinen gesehen, in der sich eine sieben Meter hohe Statue aus Jade befunden habe. Auch Marco Polo segelte nach Seilan. Er nannte es die größte und prächtigste Insel und bemerkte, der König besitze den prachtvollsten Rubin der Welt. Ibn Battuta, den es im 14. Jahrhundert nach Serendib verschlug, schrieb, die Frauen trügen anstelle von Armbändern und Fußringen Ketten aus farbigen Edelsteinen. Kein Wunder, daß die Schilderungen Schriftsteller und Philosophen anregten. Thomas Morus erwähnt Taprobane schon 1516 in seiner *Utopia*, die einer ganzen Literaturgattung den Namen gab. Der Philosoph Tommaso Campanella siedelte 1602 hier gar seinen perfekten Sonnenstaat an.

Nur Robert Knox, ein englischer Seemann, der im 17. Jahrhundert 20 Jahre lang als Gefangener des Königs in Kandy lebte, war weniger begeistert. Dafür schrieb er nachher einen ausführlichen Bericht über das Königreich von Kandy, der Historiker bis heute entzückt. Und er regte mit seinem Buch, auch das ist schließlich ein Verdienst, Daniel Defoe zu seinem Robinson Crusoe an.

Defoe hatte Sri Lanka nie kennengelernt, dafür kamen andere Schriftsteller. Anton Tschechow bereiste die Insel 1890 und nannte sie den „Ort des Paradieses". Pablo Neruda kam 1929 als chilenischer Konsul nach Colombo, lange bevor er den Nobelpreis für Literatur erhielt. Er bezeichnete Ceylon als „lieblichste Insel der Welt in ihrer Größe" und als „Perle des Grüns, Blüte der Inseln, Hort der Schönheit." Hermann Hesse schrieb über seine Besteigung des Pidurutalagala, dies sei der größte und reinste Eindruck, den er von ganz Ceylon mitgenommen habe: *Tief unter mir zogen und donnerten mächtige Wolkenzüge über einzelne Täler hin, hinter mir rauchte quirlender Wolkennebel aus schwarzblauen Tiefen, über alles weg blies rauh der kalte sausende Bergwind. Und Nähe und Weite stand in der feuchten Luft verklärt und tief gesättigt in föhnigem Farbenschmelz, als wäre dieses Land wirklich das Paradies und als stiege eben jetzt von seinem blauen, umwölkten Berge groß und stark der erste Mensch in die Täler nieder.*

Nikos Kazantzakis notierte seine Eindrücke von Colombo, André Malraux reiste zweimal hierher, und Paul Bowles war derart hingerissen, daß er sich gleich ein Haus kaufte. Einer blieb. Arthur C. Clarke, der Autor von „2001, A Space Odyssey", schrieb 1981: *Ich kam 1956 nach Sri Lanka mit dem Plan, sechs Monate zu bleiben und ein Buch über die Erforschung der Küstengewässer der Insel zu schreiben. 25 Jahre und ungefähr 70 Bücher später bin ich immer noch hier und hoffe, den Rest meines Lebens hier zu bleiben.* Der weltbekannte Autor lebt noch immer in der Nähe von Colombo.

Serendib nannten arabische Seefahrer die strahlende Insel im Indischen Ozean. Aus diesem Namen formten die Engländer den Begriff Serendipity. Das unübersetzbare Wort meint die Gabe, durch Zufall glückliche und unerwartete Entdeckungen zu machen. Nichts leichter als das. Wer nach Sri Lanka reist, hat Serendipity.

Die Fischer von Negombo sind zurück von nächtlicher
Ausfahrt. Ruhigen Schrittes waten
sie vorbei an erlegten, im Uferwas-
ser liegenden Haien und Schwertfischen. Die Natur ist bezwungen.
Man holt sich seinen Anteil vom
Fang fürs Leben.

Wie übergroße
Teppiche rollen
Wellen auf die
Palmenküste von Nilaveli. Hier ist
Badeland, mit feinstem Sand und
Palmen, die der Wind bewegt.

Nächste Seite:

S ilbrig nagt Wasser an
dunklen Felsen bei
Weligama. Es ist die
Stunde der Stelzenfischer, die ihr
Nachtmahl in der Brandung angeln.

D ie Bucht von Trin-
comalee liegt einge-
hüllt in seidiges
Gegenlicht. Letzte Sonnenstrahlen
streifen die Natur. Boote warten
auf nächtliche Ausfahrt.

Nacht senkt sich über die Bucht von Trin- comalee und den großen Naturhafen. Die Kolonial- mächte, die Ceylon okkupierten, bauten Trincomalee zu einem Bollwerk ihrer Macht aus.

Über dem Strand bei Kalpitiya türmt sich eine Gewitterwand. Sonne bricht durch und beleuchtet theatralisch Sand und Meer.

Kelani Ganga heißt der
befahrene Fluß bei
Colombo. Hier sind
riesige Flößereien für Baumstämme
angesiedelt, die auf den Abtrans-
port in alle Welt warten.

D ie Flüsse und Seen
Sri Lankas ernähren
auch die ärmere
Bevölkerung. Von kleinen Aus-
legerbooten aus wird unermüdlich
gefischt und geangelt.

Nächste Seite:

I m Glitzerlicht später
Sonne bereiten Fischer das
Auslegerboot zur Ausfahrt
vor. Das schwere Boot läßt sich nur
gemeinsam ins Wasser schieben.

Die großen, bunten Motorboote von Negombo sind entladen. Während der Fang lärmend von Aufkäufern ersteigert wird, herrscht Ruhe an den Booten. Vereinzelt suchen Menschen nach Überresten des Fangs. Es gilt viele Münder zu stopfen.

Die rotbraunen, von Sonne und Meer gebleichten Segel trocknen rasch. Breitkrempige Strohhüte schützen kaum vor der prallen Mittagssonne, in der Boot und Netze für die nächste Ausfahrt vorbereitet werden.

In den flachen Wassern
der Lagunen trifft man auf
Netzwerfer, die mit sehr
unterschiedlichem Erfolg auf
Jagd gehen.
Die gewaltigen Netze der Motorboote werden an Land ausgebreitet,
getrocknet, genau untersucht und
sofort gründlich repariert.

Nächste Seite:

Lärm und Aufregung
im Fischerhafen von
Negombo. Boote sind
gelandet, bringen Fang. Fremde
packt geheimes Grauen beim
Anblick der Fischer mit nackten
Füßen zwischen den blutigen
Haien und Schwertfischen.

Den Löwenanteil am Fang bekommt der Besitzer des Aus-legerbootes. Viele Hilfen werden benötigt. So verteilen sich Anteile auf viele hungrige Mäuler.

Erwartungsvoll ziehen groß und klein am gewaltigen Schleppnetz. Alle hören auf das Kommando des Eigners. Jeder bekommt seinen genau bestimmten Anteil. Zuletzt stürzen sich Alte, Kinder und Krähen auf die eßbaren Reste im Netz.

Nächste Seite:

Oft ist es nicht viel, was übrigbleibt. Aber man ist genügsam, lächelt, umwickelt das kostbare Nahrungsmittel mit Papier – und erhält sich seine Würde.

Ambalangoda, Bandarawela, Chavakachcheri – Eine Reise von Colombo bis ans Ende der Welt

Süßlich parfümiert und pikant würzig riecht die Luft. Unbekannte aromatische Gerüche ziehen vorbei, säuerlich faulig und blumig frisch. Jedesmal ist dieser schwere Duft der erste Eindruck, der die Ankunft bestätigt und von der kommenden feuchten, drückenden Hitze des Tages kündet. Balsam für die Seele nach einem langen Flug durch die Nacht.

Der zweite Eindruck ist das blendend gelbe Licht. Und doch machen sich bereits erste Schleier bemerkbar, feine Dunstschwaden, die das Sonnenlicht eintrüben und leicht diesig erscheinen lassen. Der Tag ist erst am Werden.

Und dann kommen die Töne, fremde Laute mit ungewohntem Kolorit. Klangvolle Satzmelodien in unvertrauten Akzenten sind zu hören, dazwischen grelle Rufe mit spitzen Konsonanten. Morgendliche Hektik breitet sich aus. Colombo erwacht früh.

Colombo: Allein der Name kann als magisches Versprechen gelten. Das Wort schmilzt im Mund, zergeht, man assoziiert den Geschmack von Palmzucker und Meeresgischt. Ein paarmal hintereinandergesagt wird es wuchtiger und schwerer. Und bleibt doch immer fremd.

Das Wort allein könnte verlocken zu einer Reise in den fernen Orient, wo viele Namen so wundersam klingen: Agalawatta, Ambalangoda, Aruakalu oder Attanagalla. Und so könnte man weiter gehen im Alphabet über Bandarawela, Chavakachcheri, Dehiwela, Ellewewa bis zu Kataragama und – um beim K ein bißchen zu verweilen – Kalkudah, Kalmunai, Kalutara, Kandakadu, Karawanella oder Kurunegala, Kuchchaveli und Kurundugahahetekma. Flüsse wie Mahaweli und Kelani rauschen vorbei oder gurgeln als Kalagamu Oya oder Belihul Oya. Als Berge recken sich Alagalla, Kukulugala, Kandurukanda oder Pidurutalagala.

Noch schöner klingen die Namen an den vielen Busstationen des Landes, wenn die Schaffner ihre Fahrziele ausrufen. „Ampa-ampa-amparai", gellt es da durch die Menschenmenge. Vor andern Bussen schallt es „Katara-katara-kataragama" oder „Wella-wella-wellawaya".

C olombo – wirtschaftliches und kulturelles Zentrum. Tempel, Moscheen und Kirchen zeugen von Vielfalt und Toleranz

Wo Busschaffner so einladend rufen, kann das Land nicht abweisend sein. Dennoch sollte man den Lockrufen vorerst widerstehen und ein paar Tage in Colombo verweilen. Die Millionenstadt hat mehr zu bieten als die meisten Besucher wahrnehmen. Nirgends in Sri Lanka treffen alt und neu, reich und arm, Tradition und Modernität, aber auch Ost und West so unvermittelt aufeinander wie hier. Die zahlreichen Volksgruppen der Insel sind alle in Colombo vertreten. Buddhistische und hinduistische Tempel, Moscheen und Kirchen zeugen von religiöser

Vielfalt und Toleranz. Villen und modernste Hotelbauten stehen fast unmittelbar neben einfachen Hütten. Einkaufen kann man im klimatisierten Supermarkt wie im quirligen Basar, und an Verkehrsmitteln ist vom Ochsenwagen bis zur neusten Limousine im fast permanenten Verkehrschaos alles anzutreffen.

Colombo ist die Wirtschaftsmetropole des Landes. Bereits König Salomo soll von hier Edelsteine für die Königin von Saba bezogen haben, doch das ist, wie so vieles auf dieser Insel, nur Legende. Gewiß ist, daß vor über tausend Jahren arabische Seefahrer hier siedelten, um von den singhalesischen Herrschern Gewürze, Elfenbein und Edelsteine einzukaufen. Gewürze waren es auch, die zu Beginn des 16. Jahrhunderts die Portugiesen herbeilockten. Sie bauten 1518 das Fort, heute noch wirtschaftlicher Mittelpunkt der Stadt. Damit begann der Aufstieg des ehemaligen Fischerdorfes. 1656 übernahmen die Holländer das Zepter und den Zimthandel. Sie legten – ganz niederländisch – zahlreiche Kanäle und im Süden der Stadt große Zimtgärten an. 1796 ging die Hafenstadt nach Kriegen in Europa an die Engländer über. Unter britischer Herrschaft erlangte Colombo als einer der wichtigsten asiatischen Häfen Weltruhm und wurde zum wirtschaftlichen und kulturellen Zentrum der Insel.

Die Wirtschaft hält die heutige Großstadt weiterhin am Laufen. Das Ceylinco Haus im Fort, über zwei Jahrzehnte das höchste Gebäude in der City, wird heute von höheren Hotel- und Geschäftshäusern überragt und sieht neben den 39stöckigen Türmen des World Trade Center geradezu niedlich aus. Politiker versprachen, die Stadt zu einem zweiten Singapur zu machen. Tatsächlich sind der Zufluß von Investitionen und auch der Aufwärtstrend beim Tourismus markant.

Mit dem wirtschaftlichen Wachstum ist Colombo laut und hektisch geworden. Nicht überall allerdings. Am schönsten erholt man sich bei einem Arrack Cocktail im Garten des Galle Face Hotels, und zwar bei Sonnenuntergang. Das ist ein Erlebnis, das kein anderes Hotel der Stadt bieten kann. Bereits 1864 eröffnet, blieb das Galle Face bis heute das einzige Hotel direkt am Meer. Zu Beginn unseres Jahrhunderts galt es als luxuriösestes Hotel in Asien, und das koloniale Gepräge ist fast unverändert erhalten geblieben.

Bevor der Himmel über dem Meer ganz schwarz ist, sollte man zu einem Spaziergang entlang der Küste Richtung Fort aufbrechen. Gleich vor dem Hotel erstreckt sich ein langgezogener Rasenstreifen, das sogenannte Galle Face Green. Wo die Briten früher Paraden der Kolonialarmee und Pferderennen abhielten, treffen sich um diese Zeit Colombos Verliebte. Kinder lassen Drachen steigen, Jugendliche üben sich im Cricket, fliegende Händler verkaufen frisch geröstete Nüsse oder Früchte und angebliche Lehrer einer Taubstummenschule halten mit einer Spendenliste nach betuchten Touristen Ausschau.

Vermutlich stammt der Name der Hauptstadt vom singhalesischen Wort für Hafen, Kolamba.

Tatsächlich legten hier schon vor Jahrhunderten Seefahrer aus aller Welt an. Der arabische Reisende Ibn Battuta besuchte die Insel im 14. Jahrhundert und bezeichnete „Calenbou" als die herrlichste Stadt der Insel. Bis zum Zeitalter der Düsenjets lernten Besucher als erstes den Hafen kennen. „Colombo ist das schönste Tor zu den Tropen", stellte Hermann Hesse auf seiner Ostindienreise im Jahre 1911 fest. Der griechische Schriftsteller Nikos Kazantzakis lief am 5. März 1935 in den Hafen ein: *Das erste Licht des Morgens fängt die Spitzen der Minarette ein und einige der Kuppeln nehmen eine rosa Färbung an. Die Seemöwen wachen auf, eine Schar Krähen fliegt über uns. Eine süße Stunde, ein mystischer erotischer Augenblick, währenddem der Bug ruhig in die Stadt gleitet.*

An Land trafen diese Reisenden als erstes auf das legendäre Grand Oriental Hotel. Das „GOH", wie es genannt wurde, war lange Zeit Treffpunkt der Europäer, und der Harbour Room im vierten Stock bietet einen wunderbaren Überblick über den Hafen, der heute in erster Linie Warenumschlagplatz ist. Noch vor Jahren trafen sich in diesem Restaurant und Pub die Schiffskapitäne, bevor sie mit ihren Dampfern wieder ausliefen.

An den Hafen schließt sich die Pettah an. Der Name bedeutet schlicht „außen" und meint das außerhalb des Forts gelegene Basarviertel. Hier gibt es alles zu kaufen: Gold, Schmuck, Edelsteine, Uhren, Haushaltsgegenstände, Kleider, Schuhe, Stoffe, aber auch Früchte, Tee und Gewürze. Das Warenangebot ist nach Straßen gegliedert; laut und bunt ist das hektische Treiben überall. Der Ort für Gelegenheitskäufe! Wer den verlangten Preis bezahlt, bringt den Verkäufer – und sich selbst – allerdings um ein Vergnügen: Feilschen gehört hier zum Handel wie andernorts die Mehrwertsteuer.

Es gäbe noch viel zu sehen, die ehemaligen Cinnamon Gardens etwa, heute ein mondänes Villenviertel. Oder Slave Island, in der Kolonialzeit tatsächlich eine Insel in einem See voller Krokodile, auf der die Holländer ihre Sklaven verwahrten. Das holländische Museum, den Zoo in Dehiwela – aber Colombo ist nicht Sri Lanka, und man soll die Busschaffner schließlich nicht unnütz ihre Fahrziele ausrufen lassen.

S ri Lanka – eine von Indien heruntergekullerte Träne oder doch die Perle im Indischen Ozean?

Sri Lanka gleicht auf der Karte einer krummgewachsenen Birne oder einer grünroten Mango. Die Holländer verglichen die Form mit einem Schinken. Romantiker sagen, die Insel sei eine von Indien heruntergekullerte Träne. Einheimische sehen die Form gern als Perle, die im blauen Indischen Ozean schimmert.

Die Ausdehnung vom südlichsten Punkt, Dondra, bis nach Point Pedro ganz im Norden beträgt 435 Kilometer. Von Colombo im Westen bis Sangamankanda Point an der Ostküste sind es etwa 225 Kilometer. Das ergibt eine Fläche von 65.610 km², was nicht einmal der Größe Irlands oder Bayerns entspricht. Und doch findet sich auf diesem Gebiet eine unglaubliche Vielfalt an Landschaftsformen und Klimazonen. Palmenstrände, neblige Hügellandschaften, Sandwüsten, tropische Regenwälder, schroffe Felsabbrüche und windige Ebenen können in einem Tag erlebt werden.

Die sogenannte Feuchtzone im Südwesten nimmt etwa ein Viertel der Insel ein. Für die Feuchtigkeit ist vor allem der Südwestmonsun verantwortlich, der im April oder Mai mit sintflutartigen Regenfällen einsetzt und im Juli langsam ausklingt. Im Oktober oder November setzt dann der etwas schwächere Nordostmonsun ein, der einem breiten Küstenstreifen im Osten Regen bringt. Am meisten Regen erhalten das Bergland im Zentrum des Landes, das die Wetterscheide bildet, und der Küstenstreifen von Colombo bis Matara im Südwesten, der von beiden Regenzeiten profitiert. Am wenigsten Regen fällt ganz im Südosten, den die Monsunströme nur tangieren, und an der Westküste zwischen Puttalam und Mannar.

Deshalb einen Regenschirm eingepackt − er läßt sich schließlich auch als Sonnenschirm benützen − und auf zum Busbahnhof! Die meisten Busse fahren von dort Richtung Süden. Die große Galle Road führt vom Galle Face Green über rund 116 Kilometer nach Galle, zuerst durch die betriebsamen Quartiere und Vororte von Colombo. Dann sind durch Häuserzeilen hindurch erstmals Blicke auf Palmen möglich. Und auf Strände, langgestreckte Sandstrände vor blauem Meer.

Spätestens in Kalutara wird der Busfahrer anhalten. Wer angesichts seines Fahrstils Schweißausbrüche bekommen oder schon leise zu beten beziehungsweise laut zu fluchen begonnen hat, kann jetzt aufatmen: Beim weißen Tempel von Kalutara hält jeder Fahrer, ob er nun am Steuer eines Autos, eines Busses oder eines Lastwagens sitzt, um ein paar Münzen einzuwerfen und ein kurzes Gebet zu murmeln. Weiter geht es mit dem Segen Buddhas.

Südlich von Kalutara ist die Südwestküste in den letzten Jahren zu einem einzigen Badestrand geworden. Schlanke Palmen recken sich über die weiße, sandige Küste. Malerische Buchten wechseln ab mit Touristenorten, wo Hotel an Hotel liegt. In Bentota ist die Küste weitgehend überbaut, Ambalangoda wurde bisher − vielleicht dank der hier hergestellten Dämonenmasken − vor großen Bauten verschont. Korallenriffe, die leider weitgehend zerstört sind, schützen gewisse Küstenabschnitte auch bei Monsun vor den einbrechenden Wellen.

Für viele Touristen ist das Strandleben „das ultimative Tropenerlebnis". Ob klimatisiertes Fünfsternehotel oder Bungalow mit Sicherheitsschloß: Am Strand muß es sein. An Orten wie Hikkaduwa stößt man dementsprechend auf eine bunte Mischung von Urlaubern: Pauschaltouristen, die, einmal im Hotel abgeladen, dort ihre zwei Wochen am Strand abliegen, Rucksacktouristen, deren schmales Budget dank Billigmiete zum Überwintern ausreicht, rüstige Pensionäre, mittelalterliche Aussteiger. Für

nicht wenige besteht Sri Lanka in der Erinnerung aus Strand, Sand und Palmen.

Sri Lanka ist mehr als Meer, und: Das Herumreisen wird einem leicht gemacht. Das Busnetz ist sehr dicht, und es gibt kaum einen Ort ohne Busbahnhof. Die Fahrpreise sind extrem günstig; entsprechend gut besetzt sind die Fahrzeuge. Neben den staatlichen Bussen gibt es Minibusse, die noch dichter gefüllt werden und einem bisweilen in gefährlicher Schieflage entgegenrasen. Schon manchem harmlosen Passanten wurde so auf die Sprünge geholfen. Vorsichtige Fahrradfahrer ziehen meistens den sicheren Schwenker in den Straßengraben einer Streifkollision vor. Aber einfacher und billiger lassen sich Land und auch Leute nicht kennenlernen.

Galle − Edelsteine, Elfenbein, Zimt und der Hahn als Wappentier

Von allen Badeorten aus leicht zu erreichen ist Galle, die größte Stadt südlich von Colombo. Dank seiner ausgezeichneten Lage und dem geschützten Hafen war es schon vor über 2 000 Jahren ein bedeutender Umschlagplatz zwischen Arabien und China. Besonders Edelsteine, Elfenbein und Zimt wurden von hier ausgeführt. 1505 eroberten die Portugiesen den Handelsort. Das singhalesische Gala für Felsen erinnerte sie an das lateinische gallus für Hahn, und so erhielt die Stadt den Namen Galle und den Hahn als Wappentier. Nach blutigen Kämpfen übernahmen 1640 die Holländer die Stadt, bauten die Befestigungsanlagen aus und machten Galle zu ihrem ceylonesischen Verwaltungssitz. Als die Engländer an die Macht kamen beschlossen sie, den Hafen von Colombo zu vergrößern. Galle verlor an Bedeutung.

Dank diesem historischen Glücksfall − und weil die Holländer die Stadt kampflos übergeben hatten − hat Galle seinen kolonialen Charakter erhalten können. Die Altstadt − das alte Fort − ist von einer weitgehend intakten Befestigungsanlage umgeben. Von der Zeit der Holländer erzählt schon das alte Tor zum Fort aus dem Jahre 1669 mit dem Wappen der „Vereenigde Oost-Indische Compagnie", auf dem, flankiert von zwei Löwen, der gallesche Hahn kräht. Die Groote Kerk aus dem Jahre 1755 ist noch heute letzte Ruhestätte für zahlreiche holländische Offiziere und Beamte. Auf Spaziergängen im Fort fühlt man sich bisweilen in eine mittelalterliche europäische Stadt versetzt. Die Befestigungsanlagen sind weitgehend intakt. Ganz in der Nähe der Point Utrecht Bastion steht der alte Leuchtturm, der einen prächtigen Blick über die Dächer der Altstadt erlaubt. An der weißen Moschee vorbei geht es weiter zum Flag Rock, von wo aus früher die ankommenden Schiffe in den Hafen gelotst wurden. Entlang den Häusern von Burghern, die heute vermutlich nicht viel anders aussehen als vor 200 Jahren, gelangt man wieder hinauf zum Eingangstor. Es gibt keine zweite Stadt in Sri Lanka, wo der Einfluß der Holländer auf Schritt und Tritt so spürbar ist wie in Galle.

Wer stilgerecht wohnen möchte, findet ganz in der Nähe des Haupttores ein weißes, dreigeschossiges Gebäude, das den Holländern nach 1684 als Verwaltungsgebäude diente und 1868 in ein Hotel umgewandelt wurde. Seit 1899 ist es im Besitz der Brohiers, einer einheimischen Familie niederländischer Abstammung. Das New Oriental Hotel ist also weder neu noch orientalisch, wie sein Name behauptet, weder luxuriös noch sehr komfortabel, aber von einem einmaligen Charme. Hier in einem der langen Sessel auf der Terrasse zu liegen, die Armlehnen verlängert, um die Beine, nicht ganz gentlemanlike, aber bequem, hochzulagern, ist eine der angenehmeren Weisen, den Abend zu verbringen: Besser können es auch die holländischen Kolonialherren nicht gehabt haben.

Golf und Pferderennen in Little England, abends Small Talk am offenen Kamin

Noch kolonialer geht es in Nuwara Eliya zu. Statt in Holland wähnt sich hier der Besucher in einer britischen Kleinstadt. Nebelschwaden ziehen über grüne Hügel mit roten und grauen Backsteingebäuden. Die Temperatur beträgt selten mehr als 25 Grad Celsius. Einheimische tragen dicke Pullover und wattierte Jacken, um sich vor dem Nieselregen zu schützen.

Den Engländern war die Kontrolle der Küstengebiete zu wenig. Sie eroberten 1815 die Königsstadt Kandy. Damit war Sri Lanka erstmals ohne König und gänzlich einer fremden Macht unterstellt. Damals war das Hochland Sri Lankas zu weiten Teilen mit Dschungel bedeckt. Die Briten rodeten weite Gebiete und pflanzten zuerst Kaffee, später Tee an. Die Ortschaft Nuwara Eliya, fast immer kurz Nurelia genannt, liegt auf 1900 Meter über dem Meer und avancierte dieser Höhenlage und des frischen Klimas wegen rasch zum Erholungszentrum für Kolonialbeamte. Als die Plantagenwirtschaft dank der billigen tamilischen Arbeitskräfte zu blühen begann, gründeten die immer zahlreicheren englischen Pflanzer 1877 den Hill Club. 1928 wurde das Clubhaus in der heutigen Form gebaut. Besucher von außerhalb kamen damals häufig, um in der Gegend zu jagen oder zu fischen. Davon legt das graue Steingebäude heute noch Zeugnis ab. Schon im Empfangsraum hängen Jagdtrophäen, Bären, Leoparden, Büffel oder ausgestopfte Forellen, ein hohler Elefantenfuß dient in der Rezeption als Schirmständer.

Der Hill Club war lange Zeit Domäne der englischen Männer. Erst 1930 wurden die Ehefrauen der Mitglieder zugelassen. Sie mußten den Club durch einen Nebeneingang betreten und durften sich nur in bestimmten Teilen des Gebäudes aufhalten. Bürger Sri Lankas können sogar erst seit 1967 Clubmitglieder werden. Seit einigen Jahren ist der Club auch Touristen zugänglich. Auf Tradition wird allerdings Wert gelegt. Ab 19 Uhr herrscht für Herren Krawattenzwang, für Damen wird ein „suitable equivalent" verlangt. Die Men's Bar ist heute das letzte Refugium, wo sich ein Ehemann unbemerkt einen hinter die obligatorische Binde gießen kann.

Die Briten richteten sich auf ihrem Landsitz rasch ein. 1873 wurde der künstliche Gregorysee angelegt, zwei Jahre später fand das erste Pferderennen statt. Als 1889 der Golfclub eröffnet werden konnte, war Nuwara Eliya endgültig zum mondänen Treffpunkt der Upper Class geworden. Wer über die nötigen Finanzen verfügte, ließ sich auf einem der umliegenden Hügel ein Landhaus im viktorianischen Stil bauen. Tagsüber vergnügte man sich bei Spiel und Sport oder spazierte durch die Parkanlagen mit den gepflegten Rasenflächen, abends pflegte man Gespräche am offenen Kamin.

Von der kühlen Bergluft wird bis heute profitiert. Im April, wenn die Hitze in Colombo unerträglich wird, entflieht die srilankische High Society nach Nuwara Eliya, um sich in Little England bei Auto- oder Motorradrennen zu vergnügen. Die Golfsaison wird eröffnet, die Kleinen dürfen auf Ponys reiten, und bei Darts oder Billard wird der neueste Klatsch ausgetauscht. Es kann vor hundert Jahren nicht grundsätzlich anders gewesen sein.

Die einzige Möglichkeit, hier in Stil vorzufahren, ist natürlich der Wagen mit Fahrer. In Colombo stehen Mietwagen zu günstigen Preisen zur Verfügung, und an vielen Orten können Autos für Tagesausflüge gemietet werden. Nur Neuankömmlinge staunen darüber, daß Wagen mit Chauffeur preiswerter sind als ohne. Selber zu fahren wird sich jeder Tourist hüten, der den eigenwilligen Fahrstil auf Sri Lankas Straßen – offiziell herrscht Linksverkehr – bereits kennengelernt hat. Zudem sind die meisten Straßen eng, die Beläge beschädigt sowie Kinder, Kühe und Kurven zahlreich. Da ist ein einheimischer Experte am Steuer doppelt sinnvoll.

Bärenaffen, Baumhörnchen, Sambarhirsche und Leopardenspuren – das Ende der Welt

Nebelschleier verhüllen die Landschaft. Der Fahrer versucht, die nächsten Straßenmeter ins Blickfeld zu bekommen, um wenigstens den größten Löchern im Asphalt ausweichen zu können. Serpentinenförmig führt die Straße durch immergrüne Wälder in die Höhe und dann entlang ockerfarbenen Heidegräsern. Fast im Schrittempo fahren wir durch den Nebel. Die Horton Plains sind erreicht, aber den Blicken verhüllt.

Der Engländer Thomas Farr entdeckte diese Hochebene Ende des 19. Jahrhunderts, benannt wurde sie nach einem englischen Gouverneur. Auf rund 2150 Meter über dem

Meer gelegen, bot sich hier den Engländern eine Hochebene, die sie in Landschaft und Klima stark an Schottland erinnerte. Farr baute eine Berghütte, von der aus überhitzte Kolonialbeamte zur Jagd aufbrachen. Manche sollen ihren ersten Elefanten noch vor dem Frühstück erlegt haben. Aus den Bächen zogen sie fette Forellen, und die ebene Landschaft bot sich für ausgedehnte Ausritte an.

Das Farr Inn wird heute als Hotel betrieben, acht Zimmer mit insgesamt 22 Betten können gemietet werden. Leider ist der Ausblick aus der Berghütte diesmal milchig trübe. Tee trinken und abwarten, würden die englischen Beamten gesagt haben. Der Abend wird ohnehin kurz: Der Generator läuft jeden Tag nur vier Stunden, von der Dämmerung bis zehn Uhr abends.

Der nächste Morgen ist hell und klar. „Was für ein Glück", strahlt der Kellner, „so einen Tag erleben wir selten hier." Früh geht es los durch das taufrische Gras, die Luft ist noch kühl. Aus dem nahen Wald dringen die Schreie von Bärenaffen. Unter zweimannshohen Farnbäumen geht es zum kleinen Weltende, dem „Little World's End", wie die Engländer den ersten von zwei fantastischen Aussichtspunkten nannten. Hier fällt die Hochebene praktisch senkrecht ab. Meist ist diese Krete in dichten Nebel gehüllt. An diesem Morgen ist die Landschaft darunter deutlich sichtbar, erst zur Küste hin verliert sie sich im Dunst.

Der Krete entlang geht es nun weiter. Ein riesiges Baumhörnchen mit buschigem Schwanz hüpft über die Farndächer, bis es sich in Sicherheit weiß. Auf dem feuchten Weg sind Spuren der riesigen Sambarhirsche zu erkennen. Nach einer weiteren halben Stunde ist auch das große Weltende erreicht.

Atemberaubende 1050 Meter stürzt die Felswand nach unten. Die Landschaft erinnert an die Schweizer Alpen, doch statt Alphütten liegen zu unseren Füßen Teeplantagen mit den kargen Lines, in denen die Plantagenarbeiter hausen. In weiter Ferne sind Seen zu erkennen. Ein einheimischer Führer, der „bestimmt schon tausendmal" hier war, sagt, so einen strahlenden Sonnenschein habe er noch selten erlebt. Von Dauer ist das gute Wetter auch heute nicht. Bereits zieht ein Wolkenband über eine nahe Hügelkuppe. Die Wanderung führt weiter zu den Baker-Falls, den ersten großen Wasserfällen des Belihul Oya, der seinen Quell in den Horton Plains hat. Unterwegs stockt kurz der Atem: Leopardenspuren, die kaum mehr als ein paar Stunden alt sind, kreuzen unseren Weg. Doch inzwischen steht die Sonne schon hoch am Himmel, die wenigen Leoparden, die noch in den Horton Plains leben, lauern versteckt in den Wäldern.

Zurück im Farr Inn, bei Ham and Eggs, Toast und Tee, ziehen bereits wieder erste Dunstschleier auf. Nun treffen laufend Touristen aus Nuwara Eliya ein, die eiligst zum World's End losmarschieren. Sie werden nichts mehr sehen. Innert einer halben Stunde ist die Sonne verschwunden, die Landschaft wieder in dichten Nebel gehüllt.

Yakada yaka – über Brücken und durch Tunnels vorbei an Wasserfällen und Teeplantagen

Auch mit der Eisenbahn läßt sich Sri Lanka gut entdekken. 1867 fuhren die ersten Dampflokomotiven zwischen Colombo und Kandy. Bis 1924 wurde die Trasse sukzessive ausgebaut nach Badulla, der heutigen Endstation im Hochland. Eine weitere Linie führt in den Norden mit Abzweigungen nach Trincomalee und Batticaloa im Osten und Mannar an der Westküste. Früher kamen noch verschiedene Schmalspurbahnen hinzu, übriggeblieben ist einzig die Linie von Colombo nach Avissavella mit einer Spurbreite von 700 Millimetern. So ist das Streckennetz heute weniger als 1500 Kilometer lang und zumeist eingleisig. Das hat zur Folge, daß die Züge wohl nicht häufiger und vor allem nicht schneller fahren als zu den Pionierzeiten der Eisenbahn.

Die langsamen Fahrten sind besonders im Hochland ein Vergnügen der besonderen Art. Die Vorfreude beginnt schon am Bahnhof, etwa in Ambewela. Da ist zwar ein Wartesaal für „Ladies" und ein zweiter für „Gents", doch beide sind abgeschlossen und werden vermutlich seit Jahren nicht mehr benutzt. Im „Store-Room" vergammeln Tausende von entwerteten Fahrscheinen neben Stößen von vergilbten Akten, zwei gußeisernen Öfen, alten Reifen und Öllampen aus Messing.

Der Schalter ist geschlossen. Eine knappe Stunde Verspätung werde der Zug wohl haben, gibt der Stationsvorstand auf Anfrage bekannt. Auf der anderen Seite der Geleise versprechen die Rajapakse Stores Linderung für den Durst. Vor dem Ladenlokal plärrt ein Lautsprecher singhalesische Schlager in den Nebel. Podiappuhami Rajapakse verkauft in seinem Dorfladen alles: Reis, angeschnittene Kürbisse, Lauch, frische Eier, aber auch Feuerwerk, Glühbirnen, Medikamente, Waschpulver und verschiedene Pflanzensamen. Ein zweiter Eingang führt zu einem Lokal mit ein paar schmuddeligen Holztischen. Wir setzen uns neben die Theke, die mit staubigen Glasbehältern in allen Größen überfüllt ist. Biskuits, Kaugummi, Bonbons und farbige Zuckerlutscher scheinen begehrt. Darüber hängen an Schnüren kleine Plastiktüten mit rotgewürzten Erdnüssen und feurige Snacks gleich neben Dreierkartons mit Cricketbällen. Während Rajapakse seine Kundinnen, vor allem tamilische Pflückerinnen, bedient, beäugen uns neugierig seine beiden Kinder. Als die Diesellokomotive endlich eintrifft, zeigt ein Blick, daß die Holzbänke der dritten Klasse hoffnungslos überbelegt sind. In den Gängen steht Gepäck. Auch ein gepolsterter Sitz in der zweiten Klasse ist nicht zu ergattern. Auf der Suche nach einem aussichtsreichen Plätzchen gelangen wir unvermittelt in den leeren Güterwagen. Der uniformierte Schaffner merkt, was wir suchen und öffnet die breite Schiebetür. Der Blick von hier ist phantastisch. Auf der kurvigen Strecke geht es zwischen Pattipola und

Ohiya durch Tunnels und über Brücken auf 2 040 Meter hinauf, den höchsten Punkt des Bahnnetzes. Dann führt die Fahrt durch Nadelwälder, an Wasserfällen und zahllosen Teeplantagen vorbei Richtung Bandarawela, das für seinen Tee berühmt ist.

Obwohl wir den „Express" genommen haben, hält der Zug an jedem Bahnhof. Oftmals stehen vor den Bahnhöfen noch die Wasserrohre, mit denen die Wassertanks der Dampflokomotiven aufgefüllt wurden. „Yakada Yaka" wurden die schwarzen Maschinen von der Bevölkerung genannt, eiserne Teufel. Ab und zu keucht und pfeift eine der sechs restaurierten Dampflokomotiven als „Viceroy Special" noch ins Hochland hinauf.

Palmyra-Palmen auf Jaffna – rauhe Schönheit des Nordens

Unvergessen auch die Eisenbahnfahrt nach Jaffna. Am frühen Morgen schon das Gewimmel an der Colombo Fort Station, die Platzsuche und anschließend das gegenseitige Mustern der Fahrgäste: Tamilen, Singhalesen, Muslime, Geschäftsleute mit Aktenkoffern, aber auch ganze Familien mit vollen Taschen, Kisten, Schachteln und Bündeln. Die Fahrt führte an Reisfeldern entlang; im Hintergrund ragten riesige, glockenförmige Dagobas aus dem tropischen Regenwald. Als man langsam wach wurde und das erstemal auf die „Vaddai-vaddai-vaddai"- oder „Kadelekadele"-Rufe der fliegenden Händler einging und ein Linsengebäck oder Erdnüsse kaufte, das Erstaunen ob der kargen Landschaft. In Anuradhapura stiegen fast alle Singhalesen aus. Und noch trockener zog das Land vorbei bis zum Elephant-Paß, wo die sandige Jaffna-Halbinsel beginnt. Entlang der salzigen Lagune bei Chavakachcheri, kurz vor der Hauptstadt des Nordens, erinnert die Gegend in nichts mehr an den fruchtbaren Süden.

Heute fährt kein Zug mehr nach Jaffna. Von der tamilischen Guerilla immer wieder in die Luft gesprengt, wurde die Linie Ende der achtziger Jahre eingestellt. Die Schienen wurden von den Tamil Tigers demontiert und für Bunker verwendet. Jaffna, ehemals ein riesiges Dorf mit über 150 000 Einwohnern, ist eine zerbombte Ruine. Die Bibliothek mit ihren unersetzlichen Schriften auf Palmblättern wurde von Singhalesen abgebrannt, das Rathaus von Tamilen. Das holländische Fort, eine großartige fünfeckige Festungsanlage, war von der Armee besetzt, bis es 1990 von der Guerilla gekapert wurde.

Jaffna war schon immer anders als der Süden. Statt grün und hügelig ist die Landschaft hier flach und trocken. Eine runde Million Leute lebten hier, die Halbinsel war vor Ausbruch des Krieges das Gebiet mit der höchsten Bevölkerungsdichte. Möglich war dies dank unzähligen, bis zu 50 Meter tiefen Brunnen, mit denen ein Teil der Halbinsel in eine Gartenlandschaft verwandelt werden konnte. Ganz trocken wird es erst im Osten, wo sich süd-

lich von Point Pedro die Wüste Manalkadu nach Süden zieht. Ebenfalls von einer rauhen Schönheit sind die fast hundert Inseln, die Jaffna vorgelagert sind. Von Kayts, das über einen Damm mit Jaffna verbunden ist, geht es mit der Fähre nach Punkudutivu und weiter nach Delft. Ob die wilden Ponys, Nachfahren von portugiesischen Reittieren, immer noch auf der Insel leben?

Seit Jahren kommen keine Touristen mehr in die Hauptstadt des tamilischen Nordens. Keine Fremden besuchen das ekstatische Fest im Kandaswamy Tempel von Nallur, dem farbenprächtigen Hindu-Heiligtum. Unbekannt sind die Wanderdünen von Manalkadu, die Dagobas von Kanthadorai, die buddhistische Nagadipa Vihara auf der Insel Nainativu. Und wer kennt schon den gärig schmeckenden Toddy, der aus den Blüten der zahllosen Palmyra-Palmen gezapft wird oder gar den süßen Wein, den die Mönche von Tholagatty im äußersten Norden der Halbinsel herstellen?

Die Unruhen von 1983 – ein Exkurs in die jüngere Vergangenheit

Es war am 25. Juli 1983, als wir in einem Pub in Nuwara Eliya ein Bier tranken. Plötzlich verstummten die Gespräche, der singhalesische Nachrichtensprecher war nun weiterum zu hören. Auf den Gesichtern der Restaurantbesucher zeigte sich Bestürzung. Ein verstörter Kellner klärte uns auf: „In zwei Stunden tritt eine landesweite Ausgangssperre in Kraft."

Sofort machten wir uns auf zur Bushaltestelle. Würde es reichen für die Fahrt nach Kandy? Ein überfüllter Minibus war bereit, noch zwei Touristen mitzunehmen. Auf einer halsbrecherischen Fahrt ging es der größten Stadt im Hochland zu. Bald zeigten Rauchschwaden die Richtung an. Am Stadtrand stiegen ein paar junge Männer aus: Tamilen, die eine Straßensperre befürchteten, wie wir später erfuhren. Tatsächlich wurde der Bus ein paar hundert Meter weiter angehalten. Mit Stöcken bewaffnete Jugendliche musterten die Insassen finster, von einigen wollten sie Identitätskarten sehen. Schließlich ließen sie uns ziehen.

Das Stadtzentrum von Kandy bot ein Bild der Verwüstung. Ganze Straßenzüge brannten, von der Feuerwehr war nichts zu sehen. Gerade noch rechtzeitig gelangten wir ins Hotel. Die nächsten zwei Tage waren wir hier eingesperrt. Polizei und Armee hatten Befehl, ohne Vorwarnung auf sämtliche Personen zu schießen, die sich auf die Straße wagten.

Nach und nach erfuhren wir, was eigentlich passiert war. Offenbar hatte sich das latente Mißtrauen zwischen Tamilen und Singhalesen gewalttätig entladen. Am 18. Juni 1983 war der Ausnahmezustand über ganz Sri Lanka verhängt worden. Zwei Wochen später waren die beiden führenden tamilischen Zeitschriften verboten worden.

Der Funke ins Pulverfaß war jedoch ein Bombenanschlag der Liberation Tigers of Tamil Eelam, damals noch eine Handvoll Guerilleros. Die LTTE waren 1972 mit dem Ziel gegründet worden, einen unabhängigen tamilischen Staat im Norden und Osten Sri Lankas zu erlangen. Am 23. Juli 1983 verübten sie ihr bis dahin größtes Attentat, dem 13 Soldaten zum Opfer fielen. Einen Tag später kam es zu ersten Unruhen in Colombo, die sich rasch im ganzen Land ausbreiteten. Gezielt wurden tamilische Geschäfte und Häuser abgebrannt und Eigentum zerstört oder gestohlen. Privatautos wurden angehalten und tamilische Insassen erschossen oder lebendigen Leibes verbrannt.

Die Bilanz der Unruhen war verheerend. Ungefähr 3 000 Personen waren getötet worden. In Colombo sahen ganze Stadtteile wie nach einem Bombenangriff aus, 90 000 Menschen wurden obdachlos. Durch die Zerstörung von Industriebetrieben gingen Tausende von Arbeitsplätzen verloren. Noch während der Unruhen flüchteten über 100 000 Tamilen aus dem Süden des Landes in den tamilischen Norden oder nach Südindien. Doch das war nur der Anfang einer immensen Flüchtlingswelle. Denn die Ereignisse im Juli 1983 waren Auftakt zu einem Konflikt mit Zehntausenden von Toten, in dessen Verlauf beide Seiten zunehmend auf die militärische Karte setzten.

Tausende von jungen Tamilen waren nach dem traumatischen Erlebnis bereit, bei der Guerilla mitzukämpfen. Die Überfälle wurden dreister, und im Norden fielen immer mehr Soldaten und Polizisten Guerilla-Attacken zum Opfer. In der Folge wurden der Verteidigungsetat und die Zahl der Soldaten massiv erhöht. Trotzdem erwies sich die Armee als untauglich, effektiv gegen die Guerilla vorzugehen.

W eite Strände im Osten, verlassen, die Bungalows zerfallen und überwuchert

Es war in einem Dezember. Der Südwestmonsun ließ es regnen wie aus Kübeln. Das beste am triefenden Busbahnhof von Amparai schien, daß auch wieder Busse wegfuhren. Doch schon meine Frage nach der nächsten Abfahrt Richtung Kalmunai stimmte mißtrauisch. Amparai ist singhalesisch, in Kalmunai leben fast ausschließlich Muslime. Wo ich denn hinwolle? Als ich die Stadt Batticaloa nannte, wurde abgewinkt, dafür reckten sich nun einige Hälse. Nicht mehr heute! Die Checkpoints vor Batticaloa schlössen um sechs, bis dann sei das nicht zu schaffen. Dabei war es noch nicht mal halb drei Uhr nachmittags. Nachfragen nützte nichts. Und auch die wenigen Taxifahrer lehnten das Ansinnen ab, mich dorthin zu bringen. Batticaloa ist tamilisch.

Durchnäßt kaufte ich mir einen Schirm und machte mich mürrisch auf zum Resthouse. Dort immerhin wurde ich freudig begrüßt. Ein Blick auf das Gästebuch zeigte, wes-

halb: Der letzte Besucher hatte hier vor über 14 Tagen übernachtet; ein Delegierter des Internationalen Komitees vom Roten Kreuz.

Touristen verirren sich nicht in den Osten Sri Lankas. Dabei wären hier gerade zur Hauptreisezeit im Juli und August die klimatischen Verhältnisse ideal. Doch in Arugam Bay im Südosten der Insel, bis 1983 der Geheimtip unter australischen Surfern, sind die Bungalows zerfallen und überwuchert. Die Buchten von Kalkudah und Passekudah, wo ein korallenreiches Riff den Strand vor den Wellen schützt, liegen verlassen. Und in Batticaloa, der größten Stadt an der Südostküste, überprüft niemand, ob die Fische in Vollmondnächten tatsächlich singen oder ob auch das nur eine Legende ist.

Am nächsten Morgen war ich frühzeitig wieder an der Busstation. Niemand hatte sagen können, wann ein Bus nach Kalmunai fährt. Als der Bus endlich aus dem Regenschleier auftauchte, war er rasch gefüllt. Die Fahrgäste, in der Mehrzahl Moslems, saßen geduldig in ihren Sitzen, bis der verbeulte Wagen um neun Uhr endlich abfuhr.

Ebenso geduldig standen sie nach kurzer Fahrt bereits wieder auf: der erste Checkpoint. Alle stiegen aus, zeigten ihre Taschen her und marschierten 50 Meter bis zur Stelle, wo der Bus wieder hielt. Gewohnheit. Sechs Checkpoints waren es bis Kalmunai, weitere zehn bis Batticaloa. Als ich dort eintraf, war es ein Uhr nachmittags: vier Stunden Fahrzeit für knapp 80 Kilometer.

Der Osten Sri Lankas ist ein Flickwerk. Wo früher Volksgruppen miteinander lebten, sind heute Dörfer zumeist nur noch von einer Ethnie bewohnt. Mißtrauen überall. Eine Ausnahme ist Trincomalee. Trinco, wie die Stadt von den Einheimischen meist genannt wird, könnte die wichtigste Hafenstadt Sri Lankas sein. Im Nordosten der Insel gelegen, bietet sie mit der riesigen China-Bay den größten Naturhafen zwischen Suez und Sydney. Folgerichtig ist die Regierung unter keinen Umständen bereit, die Stadt an die Tiger abzutreten. Ebenso folgerichtig erachtet die Guerillagruppe die „Befreiung" der Stadt als zentrales Anliegen. Dazwischen sind die 45 000 Einwohner von Trincomalee: Singhalesen, Muslime und Tamilen.

Hier lebten die drei Volksgruppen jahrelang ohne größere Probleme zusammen. Die Gegend nördlich von Trincomalee entwickelte sich zu Beginn der achtziger Jahre zu einem Touristenzentrum, das sich mit seinen weißen Badestränden und lauschigen Buchten mit den bekanntesten Seebädern messen konnte. Heute ist das Blue Lagoon bis auf die Grundmauern abgebrannt, das Moonlight Beach zerbombt und das Sea Yard kennt niemand mehr. Die Stadt wirkt wie zerbombt: Ganze Straßenzüge sind zerstört, Ruinen wohin man sieht. Tausende von Familien flüchteten sich vor den anhaltenden Kämpfen in die zahlreichen Flüchtlingslager. Schulen und Tempel wurden in provisorische Aufnahmestätten verwandelt.

Aber auch im singhalesischen Süden des Landes hat der Terror tiefe Narben hinterlassen. Präsident Jayewardene hatte 1987 keine andere Möglichkeit mehr gesehen, als einen Vertrag mit Indien zu schließen. Indische Truppen sollten im Norden und Osten gegen die Guerilla vorgehen, damit die eigene Armee im Süden konzentriert werden konnte. Das ließ die Opposition auch im Süden massiv anschwellen. Nationalistische Singhalesen befürchteten, daß die Ankunft von indischen Truppen nur ein erster Schritt zur Annexion der Insel sei. Insbesondere die Volksbefreiungsfront Janatha Vimukti Peramuna (JVP) forderte mit Einschüchterung und Terror den sofortigen Abzug der indischen Truppen. Die damals extrem linke Partei hatte bereits 1972 einen Aufstand angeführt, den die Regierung nur mit ausländischer Militärunterstützung niederwerfen konnte. Mindestens 5 000 singhalesische Jugendliche waren damals getötet worden. Vor den Präsidentschaftswahlen im Dezember 1988 und den Parlamentswahlen im Februar 1989 drohte nun die JVP jedermann umzubringen, der von seinem Wahlrecht Gebrauch mache.

Damit wurde der Süden zum Schlachtfeld. Mögliche Sympathisanten der JVP wurden auf den leisesten Verdacht hin umgebracht. Häufig traten Sicherheitskräfte dabei zivil auf oder ließen Morde durch Todesschwadronen ausführen. Monatelang lagen fast jeden Morgen neue Leichen am Straßenrand, verbrannt mit einem Reifen um den Körper oder geköpft. Amnesty International sprach von „schwersten Menschenrechtsverletzungen durch die Sicherheitskräfte in einem bisher nicht gekannten Ausmaß."

Der neugewählte Präsident Premadasa beabsichtigte, mit einer Doppelstrategie der Lage Herr zu werden. Den Norden versuchte er zu beruhigen, indem er sofort Gespräche mit den Tigern begann und den Abzug der indischen Truppen verlangte. Im Süden gingen Polizei und Armee immer brutaler und mit weitreichenden Vollmachten gegen Aufständische und andere politisch unliebsame Personen vor. Wie im Norden kam es zu Folter, extralegalen Hinrichtungen und „Verschwindenlassen" Mißliebiger. Im November 1989 wurde praktisch die gesamte Führung der JVP verhaftet und umgebracht. Darauf ebbte die Mordwelle langsam ab.

Den ethnischen Konflikt konnte jedoch auch Premadasa nicht lösen. Als die indische Armee im März 1990 aus Sri Lanka abzog, schien der Weg zwar frei für eine Verhandlungslösung. Nur drei Monate später begannen erneute Kämpfe zwischen der Armee und den Anhängern der LTTE. Immer wieder waren nun auch Politiker und ranghohe Offiziere das Ziel von Anschlägen. Am 1. Mai 1993 wurde sogar Präsident Ranasinghe Premadasa das Opfer eines Kamikaze-Attentates.

Sein Nachfolger Dingiri Banda Wijetunge machte gleich nach der Amtsübernahme klar, daß er an einer friedlichen Lösung des ethnischen Konflikts nicht interessiert sei, indem er diesen als reines Terrorismus-Problem bezeichnete. Vielmehr setzte er auf die Schlagkraft der Armee, die seit 1983 von 14 000 Soldaten zu einer professionellen Truppe von rund 100 000 Mann angewachsen war. Die Folge: noch mehr Opfer und eine zunehmende Kriegsmüdigkeit auf beiden Seiten.

1994 setzte Wijetunge verfrüht Neuwahlen an und hoffte, damit die Opposition zu überraschen. Doch die oppositionelle Sri Lanka Freedom Party, die wenige Monate zuvor am Ende schien, hatte eine neue charismatische Führerin. Chandrika Bandaranaike Kumaratunga wurde die Politik sozusagen in die Wiege gelegt. Ihr Vater war 1952 Gründer der SLFP und wurde 1956 Premierminister. Als er 1959 von einem buddhistischen Mönch erschossen wurde, folgte ihm seine Gattin Sirimavo Bandaranaike nach. Chandrika selbst studierte Politikwissenschaft an der Pariser Sorbonne, verließ aber die elterliche Partei nach Differenzen mit ihrem Bruder Anura. Zusammen mit ihrem Mann, dem Filmstar Vijaya Kumaratunga, gründete sie eine eigene Partei. Nachdem 1988 auch ihr Gatte auf einer Wahlveranstaltung erschossen worden war, kehrte sie in die SLFP zurück.

Insbesondere junge Wähler sahen sie als Vertreterin einer neuen Generation unverbrauchter Politiker. Sie versprach bedingungslose Gespräche mit allen Parteien und sagte, sie erachte eine echte Dezentralisierung der Macht als notwendig. Was Jahre zuvor undenkbar gewesen wäre, geschah: Chandrika Kumaratunga gewann nicht nur die Mehrheit im Parlament, sondern wurde Monate später sogar zur Präsidentin gewählt. Damit kam, wohl zum ersten Mal seit Erlangung der Unabhängigkeit, eine Politikerin bei den Wählern an, ohne auf einen singhalesischen Chauvinismus zu setzen.

Seither keimt die Hoffnung, daß das Mißtrauen zwischen den verschiedenen Volksgruppen bald einmal überwunden werden kann. Dann könnten auch der Norden und Osten wieder an den Rest des Landes angeschlossen werden. Diese Gebiete sind eine kulturelle Entdeckung, die noch manche Reise wert wäre. Die hohen Wellen in Arugam Bay, die singenden Fische von Batticaloa oder die salzige Lagune vor Chavakachcheri bilden nur den Anfang des ABCs einer Sri Lanka-Reise.

An Flußufern trifft man immer wieder Männer und Frauen, die ihre Kleidung waschen. Besonders schön ist der Anblick von Frauen, die ihre farbenfrohen Saris im Wasser zwischen groben Felsbrocken spülen.

Nach getaner Feld-
arbeit führt der
direkte Weg nach
Hause. Das Rind kennt diesen Weg
genau. Der Umgang der Bauern mit
ihren Tieren erstaunt. Sie werden
sorgsam, fast fürsorglich gehalten.

Gemeinsame Bade-
szenen von Menschen
und Tieren auf
Sri Lanka bezeugen das Zusam-
menleben in gegenseitiger Abhän-
gigkeit. Da zeigt sich der große
Respekt, mit dem die Inselbewohner Tiere behandeln.

W asser zieht Ceylo-
nesen fast magisch
an. Eine Pilger-
gruppe rastet bei Kataragama an
einem fast ausgetrockneten Fluß-
bett. Alles wäscht, putzt, trocknet
sich in ausgelassener Stimmung.

Zufällige Begegnungen hinterlassen auf dieser Insel oft die stärksten Eindrücke. Voller Lebensfreude balanciert ein kleiner Junge auf den Dämmen des gefluteten Reisfeldes, das frisch angepflanzt ist.

In der Nähe von Anurad-
hapura baden und
waschen Frauen in einem
Wasserbecken aus historischer Zeit.
Die Anlage funktioniert noch
heute. Sie ist überwuchert vom
großblättrigen Lotus.

Gutmütig lächelnd erlaubt die Mutter ein Foto von dieser sehr persönlichen Situation. Die Offenheit dem Fremden gegenüber ist allgemein und zeugt von einer Toleranz, die viele Reisende zu beschämen vermag.

Unkompliziert ist die Begegnung mit jung und alt auf der Insel. Die überaus freundliche Bereitschaft zum Kontakt mit dem Fremden tut wohl.

Ein abgeerntetes Reis-
feld auf den Terrassen
am Bulutota Paß wird
für Neuanpflanzungen vorbereitet.
Hier gibt es immer Arbeit.

Sattes Grün, wohin der Blick auch schweift. Ein Grün, das steil an Bergen ansteigt, runde Hügel überwuchert. Inmitten des Grüns bunte Punkte. Es sind Teepflückerinnen, die hier im Hochland auf riesigen Plantagen die Spitzen der Triebe ernten.

D er alte, verrostete
englische Doppel-
deckerbus erinnert
an die koloniale Vergangenheit
Ceylons. Heute dienen seine Reste
als Büro, Lager, Mitfahrzentrale.

Noch immer haben
die mobilen Kioske
ihre Bedeutung auf
der Insel. Sie bieten kleine Erfri-
schungen, und wenn etwas Geld
übrig ist, wird gerne gekauft.
Wenn nicht, verlagert der Händler
sein Geschäft und rollt weiter.

Die Farbenwelt der Insel bietet viele Kontraste – auf ausdrucksvolle Menschen trifft man vor grob getünchten Wänden wie vor knallbunten Hindutempeln.

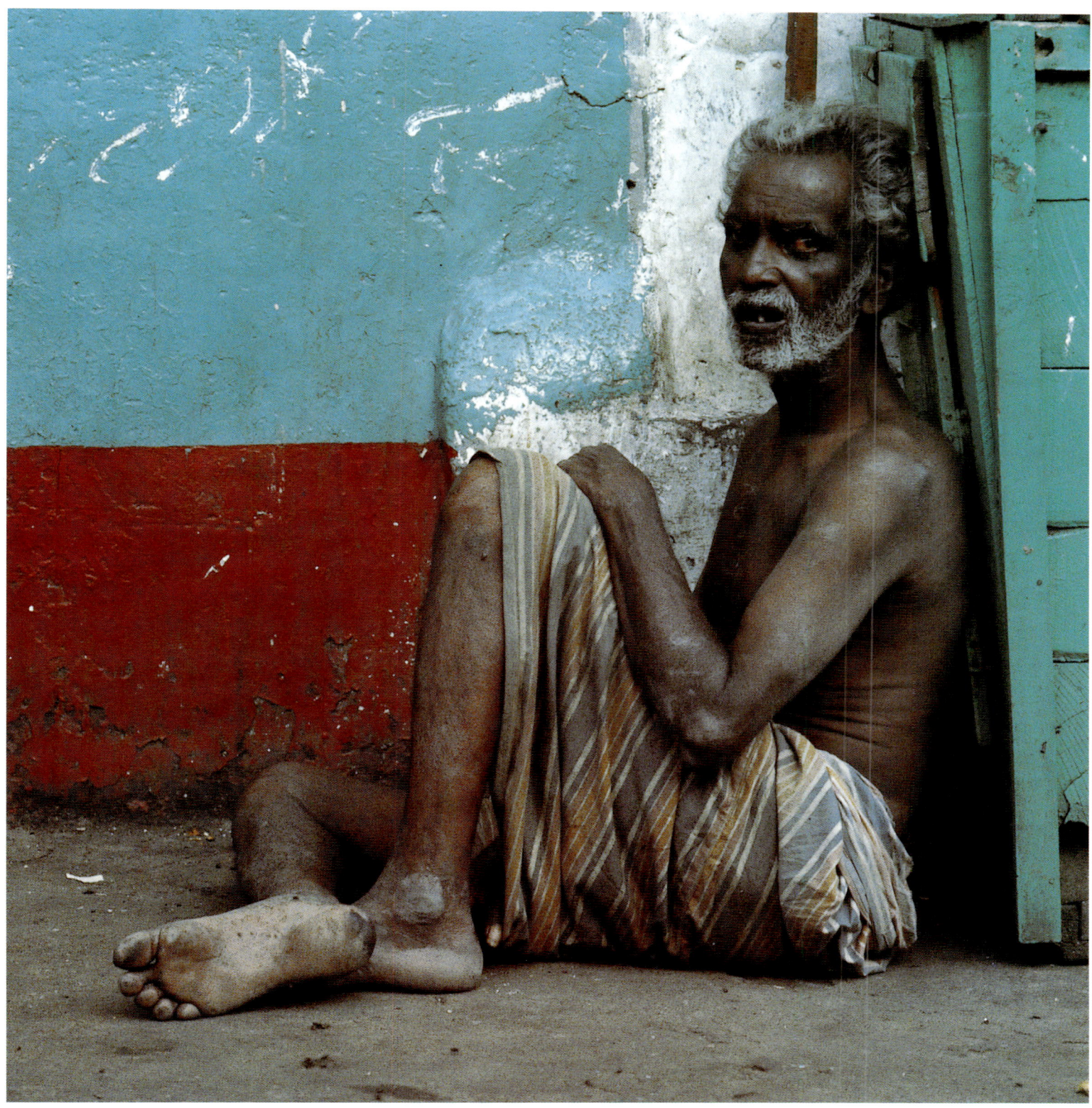

Ein Bettler hat sich in der Nähe eines Hindu-tempels in Jaffna niedergelassen. Eine milde Gabe ist ihm hier gewiß, auch wenn er zuweilen lange darauf warten muß.

Am Rande der Berg-
straßen entdeckt man
inmitten der Stein-
wüste einsame Steinbrüche.
Schwerarbeitende Männer zer-
trümmern mit Vorschlaghämmern
Felsbrocken zu handlichen
Stücken. Die kleinen Gesteins-
brocken werden in Feinarbeit von
Frauen zerkleinert.

Kinderarbeit ist üblich auf Sri Lanka. Die Zustände sind dabei selten akzeptabel. Oft arbeiten Kinder hinter vergitterten Fenstern, wie hier in einer Fabrik in Colombo.

Vor einem Geschäft an der Straße in Matara. Ein kleiner Junge leistet dem Besitzer Gesellschaft. Er weiß, es gibt immer einen kleinen Botengang, den er ausführen wird, um ein paar Rupien zu verdienen.

Alltagsleben am Rande von Hambantota: Staunend und neugierig umlagern Kinder einen Händler, der wundersame Elixiere in Flaschen anbietet. Er ist bekannt für gute Geschichten, aufmerksam hören die Kinder ihm zu.

Auch heute noch ist der Lastenträger nicht vom Auto verdrängt. Sein Gefährt ist voll beladen, und so eilt er, immer wieder Warnrufe ausstoßend, in der Mittagsglut durch Colombo.

Tee, Thunfisch, Turmaline – Die Reichtümer der grünen Insel

Im schwachen Licht der Morgendämmerung sind sie schlecht zu erkennen, aber weit über hundert Segel müssen es sein, die sich vor dem Horizont im Wind blähen. Näher am Horizont dümpeln Dutzende von Fiberglasbooten scheinbar ziellos im Meer. Unmittelbar nach Sonnenaufgang fährt eines nach dem andern an Land. Die waghalsigen unter den Bootsbesitzern beschleunigen nochmals kurz vor dem Ufer und fliegen dann den Strand hoch, so daß sie das Boot nicht mehr hinauftragen müssen. Weniger mutige Bootsmannschaften steigen unten aus. Junge Männer im Sarong laufen herbei. Wenn alle Griff gefaßt haben, feuert der Besitzer seine Helfer mit rhythmischen Rufen an, auf die sie im Chor antworten. Immer wieder anders tönt es bei den verschiedenen Gruppen, während die Schiffe ruckartig hinaufgezogen werden.

Die früh eingelaufenen Fischer nehmen sich noch Zeit für einen kurzen Schwatz. Später Angekommene breiten rasch eine Plastikplane neben dem Boot aus. Behutsam ziehen die Seemänner das feinmaschige Netz über die Plane, lösen die kleinen Fische einzeln vom Garn und lassen sie auf das Tuch fallen. Immer wieder fliegen einige Krähen tief über das Netz hinweg, und die frechsten schnappen sich tatsächlich ab und zu einen kleinen Fisch. Unschlüssiger stehen die Hausfrauen mit Taschen und Körben um die Boote herum, fragen scheinbar uninteressiert nach dem Preis und gehen dann weiter zum nächsten Boot. Der Fang ist klein jetzt im Dezember, die Saison schon zu Ende. Vor allem Sardinen, kaum mehr als jeweils drei bis vier Kilogramm, sind die Ausbeute eines Netzes.

Oruwas, Katamarane, Fiberglasboote – die fischenden Krieger in Negombo

Arm, aber stolz: Die Fischer in Negombo stammen, so sagen sie, von einer nordindischen Kriegerkaste ab. Portugiesische Missionare bekehrten die meisten von ihnen zum Katholizismus, was die unorthodoxe Bezeichnung Little Rome für Negombo erklärt. Gleichzeitig wurden die Familien bei Massentaufen mit neuen, portugiesischen Namen versehen. So stechen diese ehemaligen Krieger heute als Fernando, Pereira, Mendis oder Peiris in See, üblicherweise dreimal pro Tag. Sie fahren nur eine halbe Stunde weit hinaus, fischen eine Stunde und kehren dann zurück. Der Verdienst? Ein Fischer zuckt die Schultern: „Je nach dem kann man ein paar magere Rupien verdienen oder auch ein paar tausend. Alles hängt vom Fang ab."

Weiter nördlich fahren die schlanken Oruwas an Land. Hergestellt werden diese praktisch unsinkbaren Auslegerboote aus einem ausgehöhlten Baumstamm. Bambusstäbe halten den kleinen Stamm fest, der als Ausleger dient, und aus Bambus sind auch die Masten der zusammengeflickten Segel. Fischer mit Oruwas fischen hier häufig Garnelen und sind selten lange auf dem Wasser. Solche Einbaum-

Auslegerboote sind in Sri Lanka seit über 2000 Jahren in Gebrauch. Schon der römische Historiker Plinius schreibt im ersten Jahrhundert n. Chr., am Strand von Taprobane habe er überall solche Boote gesehen.

Im Norden des Landes fahren die Fischer mit ähnlichen Booten weit auf das Meer hinaus. Ein Katamaran ist ein schnelles Segelboot, dessen Rumpf aus drei bis fünf Planken zusammengesetzt wird. Zerlegt kann das Boot leicht an andere Ausgangspunkte getragen werden. Das tamilische Wort kattumaram setzt sich denn auch aus den beiden Wörtern kattu, binden, und maram, Baumstamm, zusammen.

Negombo ist aber nicht nur Anlegeplatz für Fiberglasboote und Oruwas, hier befindet sich auch der wichtigste Fischereihafen Sri Lankas. Fischkutter fahren von hier aus drei Tage weit auf das Meer hinaus und kehren erst nach ein bis drei Wochen zurück. Gleich neben dem Hafen wird jeden Morgen der Fischmarkt abgehalten. Dort ist soeben ein über zwei Meter langer Manta abgeladen worden. Zersägt, wird er mit einem großen Wiegemesser in kleine Stücke zerhackt, die sofort ihre Abnehmer finden. Auf einem Verkaufsstand liegen mehrere Kilogramm schwere Thunfische, daneben Haifische, Seebarsche, Barrakudas, aber auch Delphine, die Sri Lankas Oberschicht als teure Spezialität immer häufiger kauft. Große Fische werden auf Lastwagen gehievt und sofort nach Colombo gefahren.

Um halb acht herrscht ein Riesenbetrieb auf dem Markt. Fischweiber preisen ihre Ware an und rauchen dazu dicke Zigarren. Es geht laut zu, um Preise wird gefeilscht. Ein Mann bezahlt für zwölf Haifisch-Stücke 200 Rupien und erhält vom geschäftigen Verkäufer 300 Rupien zurück. Etwas verdutzt steckt er die Noten in seine Hemdtasche und will sich schon davonmachen, als eine Hausfrau dem Verkäufer energisch ihr Rückgeld abverlangt und sich der Irrtum aufklärt.

Fisch ist teuer geworden und doch besonders an der Küste beliebt. Tatsächlich deckt die srilankische Fischerei nicht einmal den Bedarf der Insel. Weniger als die Hälfte der Fischer besitzen ein eigenes Boot, und so wird noch mit einfachsten Mitteln gefischt. Besonders an der Ostküste ist das wenig lohnende Treibnetz-Fischen üblich. Fischer legen aus einem Katamaran ein riesiges Netz aus und lassen es treiben, bis es eine Mannschaft an Land wieder einholt. Und in Weligama an der Südwestküste hocken Stelzenfischer noch immer auf langen Stangen am seichten Ufer, um ihre Ruten auszuwerfen, allerdings selten mehr über Stunden, sondern oft nur, bis alle Insassen eines Touristenbusses ihr Erinnerungsfoto gemacht haben.

Mehr Gewinn versprechen die zahlreichen Langustenfarmen, die sich nördlich von Negombo an der Küste angesiedelt haben. Schaufelräder sorgen für genügend Sauerstoff in den riesigen Becken, in denen Garnelen und Langusten aufgezogen werden. In gefrorenem Zustand werden sie tonnenweise ins Ausland verkauft. Aber dazu wird viel Kapital benötigt, mehr jedenfalls als für den Bau eines Oruwas.

Künstliche Seen und Terrassen – was wäre Curry ohne Reis!

Ein klagender Ruf hallt durch das Tal, laut und kraftvoll moduliert. Hinter zwei Wasserbüffeln zieht der Reisbauer seine Furchen durch das Feld. Singend treibt er seine Tiere an, die sich unter einem Holzjoch durch den tiefen Schlamm kämpfen, singend gibt er den Befehl zum Wenden. Die beiden kräftigen Tiere zerren den primitiven Holzpflug durch den feuchten Dreck. Ihre Mäuler immer dicht über der Erde, halten sie nach einem bißchen Grün Ausschau, während ihr Besitzer den Pflug tief in die Erde drückt. Immer wieder treibt er mit Rufen zur Eile; noch viele Felder sind vorzubereiten.

Reis ist das Hauptnahrungsmittel Sri Lankas. Die meisten Fladen und Gebäcke sind aus Reismehl hergestellt, und was wäre erst ein Curry ohne Reis? 820 000 Hektar Land dienen dem Reisanbau, bei weitem die größte landwirtschaftlich genutzte Fläche des Landes, etwa so viel wie für Tee und Kautschuk zusammen. Das erklärte Ziel der Regierung, genügend Reis für den Eigenbedarf zu produzieren, wird trotzdem nur in guten Jahren erreicht.

An den Feldrändern sind zwei Arbeiter damit beschäftigt, die Erdwälle auszubessern. Ein bestimmt 70jähriger Mann, seinen Sarong hochgeschürzt und bis zu den Waden im Wasser, schwingt seine Hacke in den Dreck und dichtet die Wälle mit dem Schlamm, damit das Wasser nach der Aussaat auch ja im Feld bleibt. Sein Hemd ist schweißgetränkt, Schlammtropfen sprenkeln den weißen Stoff. Um den Kopf hat er ein orangefarbenes Frotteetuch gewickelt, Schutz gegen die brütende Sonne.

Alle Felder sind in kunstvollen Terrassen angelegt. Jedes noch so kleine Stück Land wird ausgenutzt. Langsam fließt das Wasser in einem perfekt angeordneten System von einem Feld zum andern. Zwischen den grünen Halmen spiegelt sich der wolkige Himmel. Wie Inseln aus einem grünen Meer ragen zuunterst ein paar kleine Hügel mit Palmen. Weit hinten dampft der feuchte Wald. Leicht erhöht steht eine weiße Dagoba. Safrangelbe Tücher hängen zum Trocknen. Wie seit Jahrhunderten.

Weltberühmt und legendär – der Ceylon-Tee

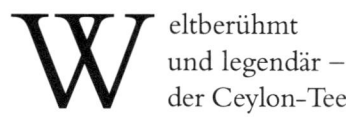

Vermag Sri Lanka bei Fisch und Reis kaum den Eigenbedarf zu decken, wird ein anderes Produkt vor allem für den Export angebaut. Ceylon-Tea hat die Insel weltberühmt gemacht. Die Erfolgsgeschichte begann unter den teetrinkenden Engländern, die als Kolonialherren den Teestrauch auf der Insel einführten. Zwar hatten die Briten nach der Eroberung des Königreichs Kandy und der Entdeckung des Hochlandes vorerst Kaffee angebaut.

Doch die Kaffeepest vernichtete nach 1870 praktisch sämtliche Pflanzungen.

Der Schotte James Taylor hatte bereits 1867 Versuche mit der Teepflanze unternommen, die er aus Indien mitgebracht hatte. Für die immergrüne Pflanze herrschten im Hochland des damaligen Ceylon optimale Bedingungen. So stieg die Teeproduktion rasch an. In den letzten 30 Jahren wurden zumeist 200 000 bis 250 000 Tonnen Tee produziert. Davon werden über 90 Prozent exportiert. Damit gehört das kleine Sri Lanka neben den Riesen China und Indien zu den drei weltweit größten Exporteuren. Noch zu Beginn der 70er Jahre dieses Jahrhunderts bezog etwa ein Drittel der Bevölkerung Ceylons sein Einkommen in irgendeiner Weise durch Tee. Die jährliche Ernte ist seither zwar gleich geblieben, aber die Einnahmen sind prozentual stark geschrumpft. Trotzdem sind immer noch über zehn Prozent der Arbeitskräfte in der Teewirtschaft beschäftigt.

Endlose Teeplantagen prägen die Landschaft des Hochlandes. Auf Hügeln, die früher mit Wald bedeckt waren, stehen mittlerweile die grünen Sträucher dicht an dicht. Etwa 220 000 Hektar Land sind mit Tee bepflanzt. 12 000 Büsche wachsen auf einem Hektar. Würde man den Teestrauch wachsen lassen, würde er bis zu 20 Meter hoch. Das ständige Zurückschneiden auf ein bis einelhalb Meter macht den Blattwuchs dichter und die Blätter können leichter gepflückt werden.

Die Teepflanze ist außerordentlich anpassungsfähig und wächst in Sri Lanka bis 2 250 Meter Höhe. Der beste Tee stammt aus diesen Hochlagen über 1 200 Meter. In Gegenden wie Nuwara Eliya, Bandarawela, Haputale oder Hatton wächst die Pflanze wegen der kühlen Nächte und des häufigen Nebels zwar langsamer, aber die Sonne ist intensiv und das Aroma der kleinen Blätter kräftig. Der High Grown Tea erzielt auf den Teeauktionen denn auch die höchsten Preise. In Höhenlagen von 600 bis 1 200 Meter wächst der Medium Grown und unter 600 Meter der Low Grown Tea. Während in hohen Lagen nur etwa alle vier Wochen gepflückt werden kann, erfolgt die Blatternte im Hinterland von Galle oder Matara alle acht bis zehn Tage.

Eine Grundregel gilt für die tamilischen Teepflückerinnen: „Two leaves and the bud": Nur der Trieb und die obersten beiden Blätter sollten für eine gute Teequalität Verwendung finden. Bis 36 Kilogramm pro Tag wirft eine schnelle Pflückerin in den Korb, den sie auf ihrem Rükken trägt. Dreimal täglich wird gewogen, sechs Tage in der Woche, seit Jahren und Jahrzehnten. Müde warten die Frauen in ihren zerschlissenen Saris, hängen dann ihren Bastkorb mit über zehn, manchmal zwanzig Kilogramm Blättern an die Waage. Ein Aufseher notiert die Zahl im hingestreckten Heft.

In der Fabrik ist die Luft stickig heiß, geschwängert vom bitteren Aroma der Teeblätter. Früher wurden die frischen Blätter zwölf bis zwanzig Stunden zum Trocknen ausgelegt. Wegen der großen Fläche, die dazu nötig war, wurden die Fabriken mehrgeschossig gebaut. Heute blasen riesige Ventilatoren heiße Luft unter die Drahtroste, auf denen die Blätter zum Trocknen ausgelegt sind. So wird die Trockenzeit auf ein Drittel verkürzt. Schweiß steht allen auf der Stirn. Wer etwas zu sagen hat, schreit. Die meisten Handgriffe werden stumm verrichtet.

Die getrockneten Blätter, die nun bereits etwa 45 Prozent ihres Gewichts verloren haben, werden in einer Rollpresse 20 bis 30 Minuten gewalzt, damit die Zellen aufbrechen und der Geschmack des Tees sich verstärken kann. Bei der anschließenden Fermenzation in einem relativ kühlen Raum müssen Temperatur und Luftfeuchtigkeit genau eingehalten werden, damit die ätherischen Öle ihr volles Aroma entfalten können. Nach rund drei Stunden bestimmt der Fachmann das Ende mit Kennernase. Um dem Tee die letzte Feuchtigkeit zu entziehen, wird er zum Schluß rund 20 Minuten auf 88 Grad erhitzt. Sein Gewicht beträgt jetzt noch rund ein Viertel der geernteten Menge. Gesiebt, nach Qualität sortiert und in Kisten verpackt, ist er bereit für die Kostprobe an der Teebörse in Colombo.

Dort erkennen die Prüfer nicht nur, woher ein Tee stammt, ein Experte merkt sogar, zu welcher Zeit des Jahres die Blätter gepflückt wurden. Die Spitzenqualität, der Broken Orange Pekoe (BOP), enthält fast nur Blattspitzen und Knospen. Der BOP Fannings enthält kleinere Blattteile, der Broken Pekoe größere Blätter und keine Knospen. Fannings und Dust sind die untersten Qualitätsstufen. Bei diesen Teesorten sind die Partikel klein, aber um so intensiver fermentiert und deshalb auch ergiebig. In arabischen Ländern, wo der Tee stark gesüßt getrunken wird, sind diese Sorten sehr beliebt. Auch für die Herstellung von Teebeuteln werden sie verwendet.

Nur für veritable Freaks werden noch die Tips hergestellt, Spezialsorten, für die einzig die Knospen gepflückt werden. Golden Tip oder Silver Tip heißen zwei dieser teuren Kräutchen, die nur an wenigen Orten zu kaufen sind. Der Normalbürger hat kaum die Nase für eine derartig exquisite Qualität. Ihm wird der Tee im allgemeinen „blended" vorgesetzt, vermischte Teesorten von möglichst gleichbleibendem Standard, denen die Herkunft nicht mehr anzumerken ist.

Bitterer Tee – das harte Leben auf Sri Lankas Teeplantagen

Weniger optimale Bedingungen als der Teestrauch fanden die Tamilen vor, die die Engländer in Südindien als billige Arbeitskräfte anwarben. Wer auf den Teeplantagen Sri Lankas geboren wird, lernt die Härten des Lebens früh kennen. 1828 holte der britische Pflanzer George Bird die ersten Südinder auf seine Plantagen im damaligen Ceylon. Tamilen waren zwar bereits seit langem im Norden und Osten der Insel ansässig, doch nicht im zentralen Hochland. In diesem ehemals bewaldeten Gebiet lebten ausschließlich Singhalesen, und die waren nicht bereit, auf ihrem früheren Besitz schlechtbezahlte Arbeit zu verrichten. In Südindien hingegen gab es viele Landarbeiter ohne eigenes Land. Das ständige Leben am Rande einer Hungersnot ließ sie die Arbeit auf den Plantagen Ceylons akzeptieren.

Der damals angepflanzte Kaffee wurde zwischen August und November geerntet. Da in dieser Zeit auf den Reisfeldern Südindiens wenig Arbeit anfiel, konnten die Landarbeiter nach Ceylon reisen und waren trotzdem rechtzeitig zur Reisernte zurück. Der Teestrauch hingegen erlaubt ein ganzjähriges Pflücken, so daß sich nach 1867 mehr und mehr Arbeiter ganz in Ceylon niederließen. Die meisten von ihnen stammten aus den untersten Kasten: Dem rigiden südindischen Kastensystem zu entfliehen, war ein weiterer Grund für ihre Emigration.

Tamilen aus Südindien wurden aber nicht nur auf den Plantagen, sondern auch im Straßen- und Eisenbahnbau beschäftigt. So stieg ihre Zahl in Ceylon rasant an. Als Ceylon 1948 die Unabhängigkeit erlangte, befürchteten Singhalesen, daß die Tamilen im Norden und Osten zusammen mit den Indientamilen zu großes politisches Gewicht erlangen würden. Den Tamilen auf den Plantagen wurden deshalb kurzerhand Wahl- und Bürgerrechte aberkannt. Als Staatenlose und ohne Vertretung im Parlament schufteten sie weiter auf den Plantagen und sorgten dafür, daß das Rückgrat der ceylonesischen Wirtschaft immer mehr Gewinn abwarf. Über Jahrzehnte war die Teewirtschaft Sri Lankas wichtigster Devisenbringer.

Davon merken die Plantagenarbeiter wenig. Sie wohnen noch immer in sogenannten Lines, langgezogenen barackenähnlichen Wohnblocks. Durchschnittlich fünf Personen leben in einem einzigen düsteren Zimmer von weniger als 20 Quadratmetern. Möbel hat kaum jemand. In einem kleinen Vorraum befindet sich eine Feuerstelle – die einzige Kochgelegenheit. Zugang zu fließendem Wasser haben die wenigsten, Elektrizität gibt es fast nirgends.

Um die Ausbildung der Kinder steht es ebenfalls schlecht. Beträgt die Analphabetenrate in ganz Sri Lanka nur zwölf Prozent, sind es auf den Plantagen 32 Prozent. Mehrklassenschulen mit einem kaum ausgebildeten Lehrer waren lange Zeit die Regel und sind auch noch anzutreffen, seit alle Schulen der Regierung unterstehen. Zudem sind die Schulen schlecht besucht, weil sich die Eltern Uniform, Schulhefte und Kugelschreiber nicht leisten können oder auf den Zusatzverdienst der Kinder angewiesen sind.

Diese enorme soziale und politische Benachteiligung ist eine Folge der 1948 verordneten Staatenlosigkeit. Selbst die Tamilen im Norden und Osten setzten sich lange Zeit kaum für die Indientamilen ein, die sie zumeist als niedrigkastig und kulturlos verabscheuten. 1964 schloß Sri Lanka einen Vertrag mit Indien. Danach mußten 300 000 Indientamilen nach Südindien zurückkehren, das sie höchstens noch aus den Erzählungen ihrer Großväter kannten. Den meisten anderen ist erst in den letzten Jahren endlich das Bürgerrecht gewährt worden.

Aus Brasilien über London nach Heneratgoda – wie der Kautschukbaum nach Asien kam

Genausowenig wie Teesträucher gab es Kautschukbäume, als die Engländer die Macht in Ceylon übernahmen. Es war ein Brite, der Samen des Baumes aus Brasilien herausschmuggelte und in den Kew Botanical Gardens in London damit experimentierte. Ein Teil der Setzlinge aus London wurde nach Sri Lanka verfrachtet und in Heneratgoda bei Gampaha eingesetzt. Von hier aus begann der Siegeszug der Pflanze in ganz Asien. Heute stammen ungefähr 90 Prozent der Weltproduktion aus diesem Kontinent.

Die Kautschuk-Plantagen in Sri Lanka sind somit die ältesten der Welt. Tatsächlich herrschen an der Südwestküste fast optimale Bedingungen für diesen bis zu 40 Meter hohen Baum, der am besten bei gleichmäßig hohen Temperaturen auf Höhen unter 600 Meter gedeiht und Niederschlagsmengen über 2 000 Millimeter pro Jahr benötigt. Von Matara ganz im Südwesten bis nach Kurunegala trifft man auf die in gleichmäßigen Abständen gepflanzten Bäume mit ihrem hellen Grün.

An jedem Baum hängt eine halbierte Kokosschale. Darüber ist die Rinde spiralförmig eingeschnitten. Zum ersten Mal wird ein Baum angezapft, wenn er 50 Zentimeter Umfang hat. Jeden Morgen ritzt ein Kautschukzapfer die Rinde mit einem Spezialmesser um ein paar Millimeter tiefer ein. Geübt setzt er die V-förmige Klinge an. Der Baum beginnt sofort zu tropfen. Wie Kuhmilch sieht der Latex aus, der nun etwa drei Stunden lang in die Kokosschale läuft. Wenn der Arbeiter am Nachmittag wieder vorbeikommt, ist das Gefäß beinahe voll.

In Eimern wird der Milchsaft zur Verarbeitung gebracht. In großen Trögen wird er einem Gerinnungsprozeß unterworfen und dann als schwammige Masse gerollt, gepreßt und und zuletzt in Form von Gummiplatten zum Trocknen aufgehängt.

Lange Jahre war Kautschuk das zweitwichtigste Exportgut Sri Lankas. Obwohl immer noch rund 200 000 Hektar mit Kautschuk bepflanzt sind und der weitaus größte Teil des Gummis exportiert wird, beträgt der Anteil am Gesamtexport weniger als drei Prozent. Dafür nehmen die Mengen, die im Land selber verarbeitet werden, ständig zu.

Auffallender als Kautschukbäume sind für westliche Besucher die allgegenwärtigen Palmen. Alle Sorten in allen möglichen Größen scheinen auf der Insel zu wachsen. Doch der Eindruck täuscht: Von den 1 200 bekannten Palmenarten sind auf Sri Lanka nur 15 anzutreffen. Königin ist nicht etwa die King-Coconut, deren große, gelbe Nuß immerhin das Prädikat „wohlschmeckendster Durstlöscher in der umweltfreundlichsten Verpackung" verdient. Am verbreitetsten – und am nützlichsten dazu – ist die eindrückliche Kokospalme. Von der Wurzel bis zu den Früchten wird alles an ihr verwendet; Srilanker nennen die Kokospalme den himmlischen Baum. Ganz besonders häufig ist die bis zu 30 Meter hohe Palme nördlich von Colombo in den Distrikten Kurunegala, Gampaha und Puttalam, wo riesige Plantagen angelegt wurden.

Das weiße Fleisch der Kokosnuß darf bei keinem Curry fehlen. Aber die junge Nuß liefert auch ein erfrischendes Getränk. Aus Kopra, dem getrockneten Fleisch von älteren Nüssen, wird Kokosöl gepreßt. Dieses wiederum dient als Basis für Fett, Margarine, Seife und Kerzenwachs. Die Preßrückstände sind ein wertvolles Viehfutter. Die harte Schale der Kokosnuß wird zumeist zum Kochen verfeuert; es lassen sich daraus aber auch Schalen, Löffel und Tassen herstellen. Auch die dicke, faserige Hülle, die die harte Schale umgibt, wird weiterverwendet. Drei Wochen im Wasser aufgeweicht, kämmen Arbeiter die Fasern in Fabriken aus. Die so gewonnene Kokosfaser ist Grundmaterial für Seile, Körbe, Netze oder Matten und dient zur Isolation.

Aber nicht nur die Nuß und ihre Schale werden verwendet. Die Schößlinge der Palmblätter werden als Gemüse gekocht, und die Knospen der Blüte werden von waghalsigen Kletterern zugebunden, um sie am Blühen zu hindern. Nach zwei Wochen kann der Toddyzapfer die Blütenspitzen abschneiden und den milchigen Blütensaft in einem Topf auffangen. Etwa einen Monat lang kann nun das Gefäß mit dem Palmwein geleert werden. Dazu klettert der Toddyzapfer in luftiger Höhe auf Tauen von einer Palme zur andern. Vergoren ist Toddy ein begehrtes Getränk. Destilliert zu einem hochprozentigen Schnaps, wird er als Arrack verkauft.

Die Blätter der Kokospalme werden geflochten und zum Dachdecken, für Zäune oder Trennwände verwendet. Auch als Düngemittel oder Viehfutter sind sie geeignet. Der Stamm ist zwar kein erstklassiges Nutzholz, dient aber gleichwohl als Bau-, Möbel- oder Brennholz. Und sogar die Wurzel findet Verwendung für medizinische Zwecke oder als Düngemittel. Wen wundert's, daß ein altes singhalesisches Sprichwort sagt: Wer zehn Kokospalmen, einen Jack-Baum, eine Kuh und ein kleines Reisfeld besitzt, braucht nicht mehr zu arbeiten.

Im Norden dominiert statt der Kokospalme die etwas kleinere Palmyra, die durch einen kugelförmigen Busch von Fächerwedeln besticht. Der dunkle Stamm eignet sich noch schlechter zur Verarbeitung als der der Kokospalme. Die gedrungene Pflanze kann bis zu 300 Jahre alt werden. Beliebt ist sie vor allem, weil ihre Blüte einen hervorragenden Toddy abgibt.

In Höhen über 600 Meter ist die Kokospalme kaum mehr anzutreffen. Dort wächst die Kitul-Palme. Jaggery ist ein Palmzucker, der aus dem Toddy der Kitul-Palme gewonnen wird. Auch Elefanten mögen Kitul: Sie haben das süße Holz zum Fressen gern.

Auf viele Srilanker wirkt die Areka-Palme anregend. Ihre Nuß enthält verschiedene Alkaloide, putscht auf und läßt den Hunger vergessen. Kleingehackt wird die Nuß zusammen mit einem Blatt des Betel-Baumes, einer Kalkpaste und Gewürzen gekaut, wovon man möglicherweise

in einen leichten Rauschzustand versetzt wird, sicher aber einen roten Mund und rote Zähne bekommt.

Hochgewachsen ist die Talipot-Palme mit ihrem riesigen Fächer, deren Blätter den Srilankern über Jahrhunderte für Fächer oder Schirme dienten. Sie wurden auch in Streifen geschnitten und mit Eisengriffeln beschrieben. Wenn man sie einfärbte, trat bei diesen sogenannten Olas die Gravur hervor. Ohne diese Palmblatt-Manuskripte, auf denen die Chroniken der Insel verfaßt wurden, wäre unser Wissen über die Frühzeit der Insel äußerst gering. Bei Historikern gilt sie deshalb wohl als die wertvollste unter allen hier erwähnten Palmen.

Von der Gewürzinsel über die Plantagenwirtschaft zur Textilindustrie

Als die Portugiesen 1505 als erste Kolonialmacht nach Sri Lanka kamen, konnte mit Gewürzen wie Zimt, Pfeffer, Nelken oder Muskat ein Vermögen verdient werden. Besonders auf den ceylonesischen Pfeffer waren die Portugiesen scharf, aber bald war Zimt das einträglichste Exportgut der Insel. In der Nähe von Colombo, dem heutigen Stadtteil Cinnamon-Gardens, legten die Holländer erste Zimtplantagen an. Seit Sri Lanka zur Gewürzinsel wurde, sind diese Kolonialwaren bedeutend billiger geworden, aber noch immer wachsen in Sri Lanka Dutzende von Gewürzen. Zimt, Pfeffer, Nelken, Muskat und Kardamom sind allerdings die einzigen, die in größeren Mengen exportiert werden.

Obwohl die Gewürze an Bedeutung verloren, blieb Sri Lanka bis vor wenigen Jahren ein ausgesprochenes Agrarland. Seit der Jahrhundertwende vom Export der Plantagenprodukte abhängig, wurden bis in die 70er Jahre rund 90 Prozent der Ausfuhreinnahmen mit Tee, Kautschuk und Kokosnußprodukten erwirtschaftet. Obwohl sich weder Größe noch Zusammensetzung des Plantagensektors wesentlich verändert haben, ist seine Bedeutung an den Gesamteinnahmen auf weniger als ein Drittel des Exportvolumens gesunken.

Diese umfassende Umstrukturierung ist insbesondere die Folge einer wirtschaftlichen Liberalisierung unter Präsident Jayewardene. Als die United National Party (UNP) 1977 mit einer gewaltigen Stimmenmehrheit gewählt wurde, gab die neue Regierung den Wechselkurs der Rupie frei, was eine Abwertung um nicht weniger als 85 Prozent zur Folge hatte. Die Preissubventionen für Grundnahrungsmittel wurden weitgehend gestrichen, eine Reihe von Importrestriktionen aufgehoben.

Zudem richtete die Regierung seit 1978 sogenannte „Free Trade Zones" oder „Investment Promotion Zones" ein, in welchen vor allem Textilien für den Export hergestellt werden. Ausländische Investoren ließen sich mit dem Versprechen mehrjähriger Steuerbefreiung und dem

Verbot von Gewerkschaften in eingezäunten Arealen ködern. In der ersten Free Trade Zone in der Nähe des Flughafens Katunayake waren bald 70 000 Arbeiter und Arbeiterinnen beschäftigt. Innert kürzester Zeit nahmen über 300 Bekleidungsfabriken den Betrieb auf. Seit 1990 ist der Wert der exportierten Textilien und Lederprodukte größer als derjenige der Plantagen.

Ein exorbitantes Wachstum verzeichneten auch die Deviseneinnahmen durch Geldüberweisungen. Die UNP erleichterte die Arbeitsemigration, und vor allem junge Frauen verdingten sich als „Housemaid" in die Golfstaaten. Anteilmäßig stark vertreten waren natürlich die muslimischen Frauen, von denen viele ihre Familie für zwei oder drei Jahre verließen, um den Lebensunterhalt sicherzustellen. Allein im Nahen Osten war zu Beginn der 90er Jahre eine halbe Million Srilanker beschäftigt. Der Mangel an Arbeitsplätzen in der Heimat treibt allerdings auch viele Akademiker ins (vor allem englischsprachige) Ausland. Selbst aus Ländern, in die Srilanker vor dem Bürgerkrieg geflüchtet waren, wurde Geld in die Heimat überwiesen. Diese Einnahmen stellen einen immer wesentlicheren Wirtschaftsfaktor dar: Der Betrag, der zu Beginn der 90er Jahre auf diese Weise ins Land floß, entsprach bereits den Einnahmen aus dem Teesektor.

Nicht zu vergessen sind auch die Einnahmen aus dem Tourismus, der mit der wirtschaftlichen Liberalisierung stark gefördert worden war. 1982 erwies sich als ein erstes Rekordjahr, das den Tourismus zur einträglichen Devisenquelle machte. Nach Jahren drastischer Verschlechterung aufgrund der politischen Situation beginnt sich der Tourismus seit Beginn der 90er Jahre wieder zu erholen. 1992 erreichte Sri Lanka erstmals wieder ähnlich hohe Besucherzahlen wie zehn Jahre zuvor, wobei fast ein Viertel aller Touristen aus Deutschland stammte. Der Tourismus soll weiterhin gefördert werden: Die Regierung rechnet bis zur Jahrtausendwende zumindest mit einer Verdoppelung der Touristen.

S
eit über 2000 Jahren in der ganzen Welt berühmt – Ratnapura, die Stadt der Edelsteine

Eine Wachstumsbranche kommt dazu: Die Ausfuhr von Edelsteinen ist in den letzten Jahren sprunghaft angestiegen. Damit nimmt ein traditionelles Exportprodukt der Insel wieder einen wichtigen Platz ein. Sri Lanka war bereits vor über 2000 Jahren berühmt für seine Edelsteine. Das indische Epos Ramayana erzählt, wie sich der Affenkönig Hanuman über das Meer nach Lanka schwingt und dort eine herrliche Stadt erblickt mit *goldenen Toren, smaragdenen Schwellen, Straßen mit Perlen und Edelsteinen besetzt, Böden aus Lapislazuli und kristallenen Treppenhäusern.* Auch in den Erzählungen aus 1001 Nacht wird Sri Lankas Reichtum an Edelsteinen erwähnt: Sindbad der Seefahrer kam auf seiner sechsten Reise nach Sri Lanka und sah den Königspalast, der mit 100 000 Rubinen bedeckt war. Kein Wunder, daß die Araber die Insel Jezirat-ut-Yaqut nannten – Insel der Edelsteine.

Jayakody Gnatillake streicht sich Kalk auf ein Betelblatt, legt ein fingerbeerengroßes Stück Arekanuß dazu, faltet das Blatt und schiebt sich alles in den Mundwinkel. „Wir fanden schon viele Steine hier", bestätigt er kauend. Der schnauzbärtige Wasantha Kumara wiegt bekräftigend den Kopf hin und her: „Es ist eine gute Mine." Etwa zwei auf vier Meter mißt der Schacht, der fünf, sechs Meter hinunterführt. Dort unten befindet sich die Schicht, die die Kostbarkeiten bergen soll. Zehn Arbeiter graben an dieser Mine, und das seit drei Jahren. Nicht weit entfernt stehen zwei andere Minen. Die Aussichten müssen gut sein. In der Ferne sieht man die ersten Häuser von Ratnapura – der Stadt der Edelsteine.

In der Antike war Sri Lanka sowohl bei den Chinesen als auch den Griechen für seine Edelsteine berühmt. Der chinesische Mönch Fa Hsien, der Sri Lanka im Jahre 411 besuchte, berichtete aus Anuradhapura: *Hier gibt es eine Buddha-Halle, die aus Gold und Silber und kostbaren Steinen errichtet wurde, in der sich eine Statue aus grünem Jade befindet, über zwanzig Fuß hoch, glitzernd von den sieben Kostbarkeiten, doch in der Haltung ernst und würdevoll, in gar nicht mit Worten zu veranschaulichender Weise. Auf der Fläche der rechten Hand liegt ein kostbares Juwel.*

Holzbalken sichern die Grube ab, die in der Mitte durch einen weiteren Balken geteilt wird. Die eine Hälfte wird zum Einstieg benutzt, neben der anderen steht eine Pumpe, die lehmiges Wasser aus dem Schacht befördert. Über dem Loch ist eine Kurbel mit Seilen angebracht. Schutz vor der brütenden Sonne bietet ein Bretterdach über einem Bambusgestell. Immer fünf oder sechs Arbeiter füllen im Schacht unten Körbe mit Dreck. Die restlichen vier oder fünf kurbeln die gefüllten Bastkörbe in die Höhe und bedienen die Pumpe.

Der chinesische Reisende Hiu En Tsang will im 7. Jahrhundert auf der Spitze eines Tempels in Anuradhapura einen Rubin gesehen haben, der den Himmel hell erleuchtete. *Hört und staunt,* schreibt auch Marco Polo, *in Seilan, und nur in Seilan, findet man den herrlichen, edlen Rubin. Saphire, Topase, Amethyste und eine Anzahl anderer Edelsteine werden hier gewonnen. Der König besitzt den prachtvollsten Rubin der Welt; solch ein leuchtender Rubin ist noch nie gesehen worden und wird auch nie wieder zu sehen sein. Ich versuche, ihn zu beschreiben. Er ist eine Spanne lang und armdick. Sein Glanz ist unvergleichlich. Keine einzige Trübung, und rot ist er wie ein Feuer. Sein Wert ist so hoch, er könnte kaum mit Geld bezahlt werden.*

Die Förderung von Edelsteinen und der Handel damit waren in Sri Lanka schon immer ein staatliches Monopol. Früher waren es Könige, die das Schürfen erlaubten, heute muß eine Lizenz der Regierung erstanden werden. Nur noch selten wird der Schlamm aus Flüssen oder direkt von der Erdoberfläche durchgesiebt, fast alle Edelsteine werden in Minen abgebaut. Für diese Arbeit bilden sich in Sri Lanka immer Kooperativen, die sogenannten Karuvahulas. Zu einer Kooperative gehören an erster Stelle der Lizenznehmer und der Landbesitzer. Beide zusammen erhalten 30 bis 40 Prozent des erzielten Gewinns. Aber auch die Geldgeber, die Maschinen und Baumaterial einkaufen und den Arbeitern einen festen Lohn bezahlen, wollen ihren Anteil. Von Lohn kann zwar kaum die Rede sein: 75 Rupien verdient jeder Arbeiter, nicht einmal drei Mark. Und das pro Woche! Jayakody ist gleichwohl zufrieden: Ihn lockt die Aussicht auf seinen Gewinnanteil. Damit er wirklich gut verdient, muß er große Steine heraufholen. Nur etwa dreieinhalb Prozent bleiben jedem der zehn Arbeiter am Schluß.

Der Blue Giant, die Blue Belle, das Wonder of Asia – alle aus Ratnapura

Etliche der kostbarsten Steine in der Welt stammen aus Sri Lanka, so zum Beispiel die „Blue Belle", mit 400 Karat der größte Saphir der britischen Krone. Der sogenannte „Blue Giant", mit 466 Karat noch größer, wurde in Ratnapura gefunden, ebenso der 224karätige Sternsaphir „Wonder of Asia" mit seiner himmelblauen Farbe und den sechs Strahlen. Und auch der riesige „Star of India" (563 Karat) im Museum of Natural History in New York stammt nicht etwa aus Indien, sondern aus Sri Lanka.

Insgesamt hätten sie bestimmt schon ein Lakh verdient an der Grube hier, sagt Jayakody. Hunderttausend Rupien: viel Geld in einem Land, wo das durchschnittliche Monatseinkommen unter 2 500 Rupien liegt. Auf die nächste Frage haben die zehn Arbeiter bereits gewartet: Was war denn der teuerste Stein, der in dieser Mine gefunden wurde? „Ein blauer Saphir, 14 Lakhs wert", grinst Jayakody: „Jeder von uns erhielt 48 000 Rupien." Alle schmunzeln zufrieden. Was sie denn mit dem Geld gemacht hätten? „Ich habe alles auf die Bank gebracht", behauptet Jayakody und Wasantha wiegt wieder seinen Kopf hin und her. Schließlich sind sie beide Familienväter. Aber einen kleinen Teil davon haben sie bestimmt in Kasippu umgesetzt? Jetzt lacht die Gruppe schallend. Kasippu, ein illegal gebrannter Kokosschnaps, gehört zu jedem Fest. Und hat schon jemand davon gehört, daß so ein Gewinn nicht gefeiert worden wäre! Nun erzählen alle. Vom großen gelben Saphir, den sie vorher schon heraufgeholt hatten, und vom Well-Beer, das sie jeweils aus Jaggery, Zucker und Wasser zubereiten. Die Stimmung ist aufgeräumt. Was sie denn dieses Jahr schon alles gefunden hätten, will ich wissen. Plötzlich ist es ruhig. „Nichts", sagt einer. Jayakody macht sich bereit, in die Tiefe zu klettern: „Aber bestimmt finden wir nochmals so einen Stein, und dann gibt es wieder gutes Geld."
Die Kiesschicht, die neben gewöhnlichen Steinen auch

Edelsteine enthält, wird Illam genannt. Das Illam befindet sich normalerweise 1,5 bis 18 Meter unter der Erdoberfläche, vor allem in Tälern, Sümpfen, Flußbetten, Reisfeldern und angeschwemmten Flußebenen. Besonders reich an Edelsteinen ist Ratnapura. Die Stadt mit ihren 50 000 Einwohnern liegt im Zentrum eines langgestreckten Tales, umgeben von bis zu 2 000 Meter hohen Bergen. In den Gneisen dieser Gebirge sind besonders viele Edelsteine eingeschlossen, die durch Verwitterung ausgelöst und vom Wasser in das Tal des Kalu Ganga geschwemmt wurden, wo sie sich entlang des Uferlaufs schichtenweise ablagerten. Um an diese Illam-Schicht heranzukommen, muß man sich erst durch das Schwemmland graben.

Auf einem der zahllosen Reisfelder außerhalb Ratnapuras graben acht Arbeiter einen neuen Schacht. Mit Pickel, Brecheisen, Schaufel und Spaten sind sie bereits fünf Meter tief gelangt, und vom Illam ist nichts zu sehen. Dafür bricht das Wasser von allen Seiten in den mit Farnblättern schlecht abgedichteten Schacht. Die Benzinpumpe läuft ununterbrochen und sprudelt braunes Wasser auf das Reisfeld.

Tief unten steht ein Singhalese in verspritztem Sarong knietief im Wasser. Mit einer Hacke füllt er den Bastkorb, nimmt ihn auf und wirft ihn zum nächsten Arbeiter, der auf einer Sprosse auf halber Höhe steht. Mit traumtänzerischer Sicherheit läßt dieser seinen eigenen leeren Korb fallen, greift nach dem vollen und wirft ihn weiter zum Arbeiter am Grubenrand. Von einem Vierten wird der Lehm auf einen Haufen geschüttet. Wie ein Ballett sieht es aus, wenn die vollen Körbe zum nächstoberen Arbeiter wechseln und die leeren nach unten fallen.

Den nackten Oberkörper voller Schmutzspritzer, starrt Karaitivu Piyadasa in die Grube. Mindestens noch einen Meter, seufzt er. Noch wenigstens zehn Tage müssen sie in die Tiefe graben. Und ob sie dann Steine finden?

Saphire, Rubine, Alexandriten, Zirkone und Turmaline. Und oft alle in derselben Grube

Die Gegend um Ratnapura birgt eine Fülle von Edelsteinen. Diamanten, diese edelsten aller Steine, die auf der von Mohs entwickelten Skala den Härtegrad zehn haben, sind allerdings nicht darunter. Die wertvollsten – mit dem Härtegrad neun die härtesten – gehören zur Korund-Gruppe: Saphire und Rubine. Saphire werden in verschiedenen Farben gefunden. Am begehrtesten und wertvollsten sind die kornblumenblauen, doch daneben gibt es Saphire in rosa, orange, gelb, grün, lila oder schwarz und sogar farblos, die sogenannten weißen Saphire. Rubine werden in verschiedenen Rotfärbungen gefunden. Am teuersten sind die taubenblutroten mit einer Spur blau.

Nach Härtegraden folgen nun die verschiedenen Arten

des Chrysoberyl, etwa Katzenaugen oder Alexandriten, dann Spinelle, Topase, Aquamarine, Zirkone, Granate, Zitrine, Amethyste, Quarze, Mondsteine und Turmaline. Und das sind nur die wichtigsten. Über 50 verschiedene Steine werden in Sri Lanka gefunden, und in derselben Grube oft ganz verschiedene Sorten. Bei den teuersten dieser Steine, den Saphiren, gehören diejenigen aus Sri Lanka zu den besten der Welt, und bei den billigsten, den Mondsteinen, dominiert das Land den Welthandel.

Jede Grube verfügt über eine Art Kletterstange zum Einstieg. Auf der Seite des Schachts sind in regelmäßigen Abständen Rundhölzer angebracht. Der Abstieg beginnt leicht, aber dann wird alles glitschig; ganz unten ist die Stange wie Seife. Wir stehen knöcheltief im Wasser auf einer schlammigen Unterlage. Jayakody grinst und geht dann mit der brennenden Kerze voran. Keine eineinhalb Meter hoch ist der Stollen, der sich hier durch das feuchte Erdreich gräbt. Die Luft riecht faulig. Halb kriechend bewegen wir uns durch das Dunkel, hinten folgt Wasantha mit einer zweiten Kerze. Fünfzehn, zwanzig Meter tasten wir uns gebückt vorwärts, bis wir auf drei Arbeiter stoßen, die mit Pickel und Schaufel am Graben sind. Dem Illam nach graben sie sich durch die Erde und bringen Korb um Korb des Materials zum Schacht, wo es nach oben transportiert wird. Heiß ist es.

Vom Hauptstollen aus führen Nebenstollen in verschiedene Richtungen, wirr, scheinbar ohne Konzept. Zur Absicherung der Decke sind auf der Seite Streben angebracht. Weit vorne rechts dringt Licht hinunter. „Die andere Mine", erklärt Jayakody, „vor einem Jahr sind wir zusammengetroffen. Beide gehören dem gleichen Besitzer." Mir reicht es, ich will an die frische Luft. Keine Viertelstunde war ich unten.

Unfälle? „Nein, nein" wehren alle ab. „Höchst selten, daß ein Stollen einbricht", versichert auch ein Geldgeber der Kooperative. Als sie mit der andern Mine zusammengetroffen seien, habe es gebrannt, kommt endlich heraus, Grubengas. Aber nach einer halben Minute sei alles vorbei gewesen, zwei Minenarbeiter seien leicht verletzt worden. Niemand spricht gern darüber.

Vor dem Schacht sortieren die Arbeiter den Schlamm auf zwei Haufen: Nur einer davon enthält das Illam, den Kies mit den Edelsteinen. Der Haufen ist groß geworden im letzten Monat, aber alleine dürfen die Arbeiter den Kies nicht durchsieben. Am nächsten Tag kommt der Landbesitzer vorbei. Jayakody steht knietief im Wasser und schwenkt den großen Flechtkorb im Kreis. Wenn der Lehm ausgewaschen ist, werden die übriggebliebenen Steine untersucht. Ein Laie würde sie alle fortwerfen: Erst der Schliff bringt auch einen teuren Stein zum Leuchten. Dieses Mal finden die Arbeiter weder Saphire noch Rubine, ein paar kleine Halbedelsteine sind die kümmerliche Ausbeute eines Monats Arbeit. Die Enttäuschung steht Jayakody ins Gesicht geschrieben. Wenn am Abend Kasippu fließt, ist es aus Enttäuschung; zu feiern gibt es nichts.

Noch vor sieben Uhr morgens warten Kleinhändler beim Uhrturm auf Leute aus den Dörfern, die ihre Funde verkaufen wollen. In Gruppen stehen die Männer herum und diskutieren miteinander. Verschlafen schlurft ein Mann mit Frotteetuch und Zahnbürste vorüber, offensichtlich auf dem Weg zur Morgentoilette an einem nahen Brunnen. Hinter dem Platz sitzen obdachlose Frauen mit völlig verschmutzten Kindern vor den noch geschlossenen Ladengeschäften.

Fast alle Händler sind westlich angezogen mit Bundfaltenhose und Hemd. Gemeinsames Kennzeichen ist eine Taschenlampe, mit der sie die angebotenen Steine begutachten. An der Bushaltestelle treffen immer neue Busse ein. Ein Bursche in Sonntagskleidern, dem die ländliche Naivität ins Gesicht geschrieben steht, hält einem Händler einen Stein hin. Der verschwindet in eine ruhige Ecke, betrachtet den Stein von allen Seiten und bringt ihn wortlos zurück. Der Junge wendet sich an einen weiteren Händler. Der zündet seine Taschenlampe nur kurz an, bevor er den Stein wieder hergibt. Ein dritter wendet sich uninteressiert ab. Der Bursche verschwindet mit glasigen Augen in der nahen Moschee. Er wird seinen Stein am Schluß weit unter Wert verkaufen.

Gegen neun Uhr verlagert sich das Geschehen an einen andern Platz, „unter den Mangobaum", wie der Ort gemeinhin bezeichnet wird. Die Zufahrtsstraße ist überfüllt mit Händlern, die auf ihren Stammplätzen tratschen, und Verkäufern, die suchend von einer Straßenseite auf die andere gehen. Hier wird nicht betrogen, aber um jede Rupie gefeilscht. Wer den Preis seines Steins nicht genau kennt, ist verloren.

Der Direktor der staatlichen Gem & Jewellery Exchange reibt sich zufrieden die Hände: „Der Verkauf von Edelsteinen ist in den letzten Jahren massiv angestiegen. Allein im letzten Jahr hatten wir eine Zunahme von 20 Prozent. Die Branche beschäftigt über 200 000 Minenarbeiter, etwa 40 000 Personen beim Schleifen und Polieren und unzählige Händler."

Der Umsatz hat sich in den letzten zehn Jahren mehr als verzwanzigfacht. Edelsteine sind Sri Lankas drittwichtigstes Exportgut. Und das Potential ist gewaltig. „Bereits heute haben wir Minen in 14 der 25 Distrikte des Landes. Aber in Zukunft wird in noch mehr Regionen des Landes gegraben." In der Tat: Nach Ansicht von Geologen gibt es zumindest unter drei Vierteln des Landes edelsteinführende Schichten. „Ratnapura wird das Zentrum des Edelsteinhandels bleiben", glaubt man in Colombo. „Viele Gebiete dort sind nicht ausgebeutet. Es liegt noch vieles unter der Erde."

D er Adam's Peak ist
den Anhängern der
vier Hauptreligionen
auf Sri Lanka heilig. Weihevoll
erwacht der Tag in dieser Berg-
einsamkeit. Auf dem majestätischen
Felsen erwärmen sich die Pilger an
den Strahlen der aufgehenden
Sonne.

Aus den Nebeln des
Flusses erhebt sich am
frühen Morgen eine
Landschaft, in der sich Wirklichkeit
und Spiegelbild vermischen.

Nächste Seite:

Regenschleier um–
hüllen die Plantagen
am berühmten
Guesthouse von Dickoya.

Nebel liegt oft in der Luft. Nässe verändert die Farben der Berglandschaften aus Dschungel, Teeplantagen und Gebirge. Dieser oft regenreiche Weg führt nach Nuwara Eliya, hinaus aus dumpfer Inselhitze in eine Kühle, die der Wärme des Kamins bedarf.

Urweltliche Baum-
riesen stehen in den
Berglandschaften
von Sri Lanka. Nadelbäume, die
sich in eigenwilligem Formkontrast
von den Bergen abheben. Hier
wächst der Ceylontee, der so unvergleichlich gut schmeckt, wird
er mit aromatischem Gebirgswasser
gebrüht.

Überall auf der Insel
findet man künstlich
angelegte Wasser-
reservoirs und Seen. Wenn der
Horizont Himmel und Wasser in
farbige Flächen unterteilt, fühlt
man sich weit entfernt vom Trubel
der Welt und begreift ein wenig,
was Meditation bedeuten könnte.

Wenn sich Wolken zu scheinbaren Berggiganten in bizarren Formen auftürmen, wenn Schein und Wirklichkeit sich nicht mehr trennen lassen, dann ist man bei Ella in der Bergwelt von Sri Lanka.

Am späten Nachmittag geht der Blick weit vom Sigiriyafelsen auf die umliegende Landschaft. Dann trifft man zuweilen auf festlich in Saris und Sarongs gehüllte Inselbewohner.

Im Pilgerhaus von Mihintale, am Ende einer gigantischen Treppe, die zum Heiligtum führt, gibt es immer etwas zu beobachten. Heißer Tee hilft, die Müdigkeit zu überwinden.

Auf dem Weg zum
Pilgerort Kataragama,
im Süden der Insel,
erfrischen sich Pilger in den
Wassern des Walawe Ganga. Vor
allem gegen Abend treibt es die
Menschen überall zum Wasser.

Nächste Seiten:

Reisfelder schmiegen
sich an die frucht-
bare Berglandschaft
unterhalb der Straße von Galle
nach Ella. Kontrast von geordneter
Feldergeometrie zu üppiger, wild-
wachsender Tropenlandschaft.

Unter Kokospalmen
ducken sich Planta-
genhäuschen. Wind
und Wetter haben die Außenwände
so verändert, daß sie zu abstrakten
Farbflächen von ästhetischem Reiz
geworden sind.

D ie Bushaltestätten
der Insel garantieren
interessante Begeg-
nungen. Kurzfristiger Regen
verdrießt die Inselbewohner kaum.
Es gibt ja Regenschirme. Die
gehören übrigens zur Grund-
ausstattung eines jeden Mönchs.

Entlang der Straße zum
botanischen Garten
von Hakgala über-
queren Hängebrücken den Urwald.
Wohlgerüche von Blumen,
Gewürzen und feuchtem Urwald
berauschen die Sinne.

V on den Kurven der
Paßstraße aus, die
von Panaike nach
Bandarawela führt, öffnen sich
Blicke in die Täler, auf Reisfelder,
die gerade bepflanzt werden, in
vollem Grün stehen oder bereits
abgeerntet sind.

Nächste Seite:

I m Wasser der von Däm-
men durchzogenen, ge-
fluteten Reisfelder wird
das Himmelsblau reflektiert. So
entstehen Farben, die sich auf die
Wiedergabe diffiziler grüner und
blauer Farbtöne reduzieren.

In den Palmenplantagen zwischen Dondra und Tangalla im Süden der Insel vermischen sich künstliche Farben mit natürlichen, paßt sich Verwitterung der Natur an.

Dschungel, Dagobas, Devales – Legenden und Geschichte; Klassik, Kolonialzeit und Unabhängigkeit

Der alte Mann sitzt vor seiner Lehmhütte. An seinem nackten Oberkörper lehnt ein Bogen, zwei Pfeile hält er in der Hand. Die schlohweißen Haare haben etwas von ihrer Wildheit verloren und sind sauber nach hinten gebürstet, nur der Bart steht kraus in alle Richtungen. Müde sieht er aus.

Tissahamy ist das Oberhaupt der Weddas und seit Jahrzehnten Legende. Weddas, die Jäger, sind die eigentlichen Ureinwohner Sri Lankas. Nur noch ein paar Hundert sollen es sein, die gemäß ihren Traditionen leben können. Als wir herantreten, setzt sich Tissahamy aufrecht hin. „Hondamay, hondamay", sagt er leise, während er mir kraftlos beide Hände schüttelt. Die Weddas sprechen weder singhalesisch noch tamilisch, sondern haben ihre eigene Sprache.

Neben dem greisen Jäger sitzt sein Sohn Wanniya. Er soll dereinst die Führung von Tissahamy übernehmen. Seine langen, schwarzen Haare verbergen nicht die klaren Augen, die uns mit aufmerksamem Blick mustern. Die Weddas haben keine eigentlichen Häuptlinge. Die höchste Autorität genießt der Älteste einer Familie oder Gruppe. Seit Tissahamy schwächer geworden ist, ist es immer häufiger Wanniya, der für seine Sippe spricht.

Weddas leben seit vorgeschichtlicher Zeit auf Sri Lanka. Von den Völkerkundlern werden sie zu den Drawiden gezählt, die den indischen Subkontinent als erste besiedelten. Deshalb haben sie schon im letzten Jahrhundert viele Forscher angezogen, die eine ethnische Verwandtschaft zu den Ureinwohnern der Andamanen, den australischen Aborigines und sogar den afrikanischen Pygmäen konstatierten.

Wie alt ist Tissahamy? Er zögert, bevor er sagt: „Niemand weiß es." Seine Stimme ist fast unhörbar, die Augen sind trübe geworden. Trotz einem Hörgerät versteht er nur, was ihm der Dolmetscher laut ins Ohr spricht. Aber Tissahamy hat gekämpft, und Wanniya will seinen Kampf weiterführen.

Die Weddas, verwandt mit Urvölkern auf den Andamanen, in Australien und Afrika

Der Rückzug der Weddas begann vor 2 500 Jahren, als Singhalesen und Tamilen auf die Insel kamen. Durch Assimilation nahm die Zahl der reinen Weddas stetig ab. Auch diejenigen Gruppen, die weiter als Jäger und Sammler lebten, übernahmen viele Ausdrücke der singhalesischen Sprache und damit natürlich auch Begriffe und einen Teil der singhalesischen Weltanschauung.

Die Verdrängung setzte sich mit der Ausbreitung der Siedler und ihren neuangelegten Plantagen fort. Zudem versuchten die britischen Kolonialherren in bester Absicht, die Weddas seßhaft zu machen. Viele Familien nahmen das Angebot an und zogen in die Häuser, die ihnen die Kolonialregierung überließ. Reisfelder wurden für sie angelegt, Kokospalmen und Fruchtbäume angepflanzt, und Beamte verteilten Kleider und Geräte für den Landbau.

Sir James Emerson Tennent meinte daher schon Mitte des letzten Jahrhunderts, daß sich in sehr wenigen Jahren die Lebensweise dieser eigenartigen Rasse zweifellos verändern würde, ja, daß ihre Bezeichnung als Weddas, Jäger, dann nur noch ein traditioneller Name sei.

Forscher fanden allerdings schon nach wenigen Jahren viele Wedda-Ansiedlungen verlassen vor. Die Jäger waren in den Urwald zurückgekehrt. Tatsächlich behielten sich einige wenige Wedda-Familien bis heute das Recht auf Unabhängigkeit vor. Mit bisweilen bewundernswerter Starrköpfigkeit verteidigten sie ihre angestammte Lebensweise gegen singhalesische Beamte. Vor allem das Mahaweli-Projekt bedrohte die letzten Jäger-Gemeinschaften. Für den Bau von Staudämmen sollten in den siebziger Jahren weite Teile des Urwalds gerodet werden. Zwar konnten internationale Umweltorganisationen zumindest Teile dieses Plans stoppen. Daß die srilankische Regierung darauf einen Teil dieses Gebiets als Maduru Oya National Park zum Naturschutzgebiet erklärte, half den dort ansässigen Weddas wenig, denn Sammeln und Jagen ist in Wildreservaten verboten.

Tissahamy machte sich umgehend auf die Reise nach Colombo und verlangte ein Gespräch mit Präsident Jayewardene. Er erklärte, daß seine Sippe eine Umsiedlung und die darausfolgende vollständige Veränderung ihres Lebens nicht hinnehmen werde. Sie wollten auf dem Land ihrer Vorfahren leben und sterben. Präsident Jayewardene verfügte daraufhin, die Weddas dürften ihre Heimat behalten. Trotzdem brachten Regierungsbeamte etliche Familien mit Versprechungen und Drohungen dazu, den Park zu verlassen. Tissahamy ließ sich weder ködern noch einschüchtern. Als ihnen die Jagd von Aufsehern verboten wurde, zog er sogar gegen die Regierung vor Gericht.

„Wir lebten schon immer hier", sagt Wanniya. In seinem Stoffsack sucht er nach Arekanüssen, die er nachdenklich kaut. „Dennoch macht man uns ständig Probleme. Das uns zugewiesene Land ist zu klein für die Jagd. Bald soll in der Nähe ein Hotel gebaut werden. Wir wollen nicht, daß uns so viele Fremde besuchen."

Die Weddas verlangen nicht zuviel. Sogar die Familie von Tissahamy pflanzt inzwischen Reis an. Statt jeden Tag geht Wanniya höchstens dreimal pro Woche auf die Jagd. Und die Kinder gehen alle zur Schule und lernen singhalesisch. Wie weit sie zu Fuß gehen müssen, weiß Wanniya nicht in Kilometern oder Meilen auszudrücken. „Eineinhalb Mal so weit, wie man rufen kann, ist die Schule entfernt", sagt er. Seine Kinder werden dereinst mit Maßen und Zahlen umgehen können. Durch das Erlernen der singhalesischen Sprache werden in wenigen Jahren auch die letzten Weddas assimiliert, wird ihre Jagdweise ausgestorben sein. Schon Wanniya hat viele Neuerungen akzeptiert, so zum Beispiel, daß die Weddas ihren Kampf auch mit politischen Mitteln führen müssen. Selbstverständlich

habe er an den letzten Wahlen teilgenommen, sagt er selbstsicher.

Die Dämmerung hat eingesetzt. Der Dolmetscher mahnt zum Aufbruch: „Das ist ein Wildschutzreservat. Mit Elefanten auf dem Weg muß man rechnen." Wir schütteln uns beide Hände zum Abschied und sagen wieder „Hondamay, hondamay". Während auf dem Hinweg wir es waren, die ausholten, drängt nun unser Fahrer zur Eile. Der Hinweis auf wilde Elefanten hat ihm Eindruck gemacht. Unterwegs zum Auto treffen wir auf eine Gruppe Weddas aus einer anderen Sippe, die uns leichtfüßig wie Schatten folgen. Als wir beim Wagen anlangen, ist es dunkle Nacht. Bevor wir einsteigen, strecken uns die Weddas ihre Pfeilbogen entgegen. 600 Rupien wollen sie für einen Bogen und zwei Pfeile. Nach langem Feilschen kaufen wir einen Talisman und fahren los. Nach einiger Zeit bemerken wir einen großen Bogen, der im Auto liegengeblieben ist. Was tun? Zurück will der Fahrer unter keinen Umständen. Im Dorfladen fragen wir um Rat. Ein Bursche erklärt sich bereit, mit seinem Fahrrad den Besitzer zu holen. Bereits eine halbe Stunde später kommt er mit einem strahlenden Wedda als Fahrgast zurück. Glücklich nimmt er seinen Bogen in Empfang und schüttelt uns immer wieder die Hände, bevor er den Rückweg in sein Dorf antritt.

Die meisten Singhalesen haben ein ambivalentes Verhältnis zu den Weddas: Auf der einen Seite betrachten sie sie als eine Art wilder Tiere und es kam vor, daß sie Weddas zum Vergnügen wie Jagdwild abschossen. Andererseits bringt man ihnen seit jeher große Hochachtung entgegen. Diese Spannungen sind bereits im großen Epos der srilankischen Geschichte, der Mahavamsa, angelegt. Die Mahavamsa, die Große Chronik, schildert die Geschichte der Insel seit der Besiedlung durch die Vorfahren der Singhalesen im 6. Jahrhundert v. Chr.

Vor dieser Zeit sei die Insel, so heißt es, von Nagas und Yakkas, Geistern und Dämonen, bevölkert gewesen. Die Weddas werden als Nachfahren dieser unmenschlichen Wesen betrachtet. Kein Wunder, daß sie von den abergläubischen Singhalesen noch immer mit Verachtung – gemischt mit leiser Furcht – behandelt werden. Doch ebenfalls in der Mahavamsa wird die Abstammung der Weddas von königlichem Geblüt begründet, und zwar direkt von Prinz Vijaya. Die Legende, die dem zugrundeliegt, ist die wichtigste zur Frühzeit Sri Lankas.

Wie Prinz Vijaya, als Raufbold verbannt, Gründervater der Singhalesen wurde

Der König von Bengalen hatte eine wunderschöne Tochter, der eine Verbindung mit dem Herrscher der Tiere vorausgesagt wurde. Tatsächlich griff ein Löwe die Kaufleute an, mit denen die Prinzessin durchs Land reiste, und

entführte das Mädchen in seine Höhle. Die beiden verliebten sich ineinander und hatten einen Sohn und eine Tochter. Der Sohn hatte eine menschliche Gestalt, aber die Füße und Hände eines Löwen, weshalb er Sinhabahu, Löwenarm, genannt wurde. Als er erwachsen war, kehrte er mit seiner Mutter und der Schwester nach Bengalen zurück. Der Löwe liebte seine Gemahlin noch immer und folgte ihr, richtete aber großen Schaden an. Der König setzte deshalb auf ihn eine Belohnung aus, aber nur Sinhabahu gelang es, seinen Vater zu töten. Die versprochene Belohnung, das Königreich, schlug er aus und reiste mit seiner Schwester Sinhasivali nach Lala. Dort gründete er eine Stadt namens Sinhapura. Er heiratete seine Schwester und hatte 32 Söhne mit ihr, 16 Zwillingspaare. Der älteste Knabe war Vijaya.

Kronprinz Vijaya wurde schon früh zum Raufbold, der mit einer Schar Freunde das ganze Land unsicher machte. Die Untertanen beklagten sich bei Sinhabahu über das Verhalten seines Sohnes. Als alle Ermahnungen nichts fruchteten und die aufgebrachten Bürger schließlich den Tod Vijayas verlangten, wurde er mit siebenhundert Gefolgsleuten auf einem Schiff ausgesetzt. Erst nach langer Irrfahrt erreichten sie Land. Weil die Erde dort ihre Hände rot färbte, nannten sie den Ort Tambapanni, kupferfarbene Hand. Diesen Namen behielt Sri Lanka – hier nämlich waren sie gelandet – noch lange Zeit bei.

Den dämonischen Yakkas, welche damals auf Lanka lebten, waren die Neuankömmlinge nicht genehm. Die Yakka-Prinzessin Kuveni brachte alle 700 Männer unter ihre Gewalt. Als sich Vijaya auf die Suche nach seinen Gefährten machte, merkte er bald, wer das einsame Mädchen wirklich war und drohte, sie zu töten, wenn sie die Gefangenen nicht freiließe. Sie gab nach und versprach ihm ein Königreich und die Heirat.

Mit Kuvenis Hilfe besiegte Vijaya die Yakkas und baute eine Stadt namens Tambapanni. Von hier aus besiedelten seine Gefährten das Land. Vijaya und Kuveni hatten zwei Kinder. Zum König krönen lassen wollte sich Vijaya aber erst, wenn eine Prinzessin als Gemahlin gefunden sei. Er schickte dazu einen Boten nach Indien. Dort war der Pandu-König in Madurai hoch erfreut über die Anfrage und sandte nicht nur seine Tochter, sondern auch gleich siebenhundert Bräute für Vijayas Gefolgsleute. Als Vijaya von der baldigen Ankunft hörte, schickte er Kuveni und die beiden Kinder zurück zu den Yakkas. Diese bezichtigten Kuveni des Verrats und brachten sie um. Die beiden Kinder flohen auf den Berg Sumanakuta, den heutigen Adam's Peak. Sie heirateten und begründeten so die Pulinda, die als Vorfahren der heutigen Wedda gelten.

Diese Legende der Mahavamsa liefert die Erklärung für die Hochachtung der Singhalesen vor den Weddas. Tatsächlich betrachteten sie das Urvolk immer als von höchster Abstammung; in der Hierarchie der Kasten rangieren die Weddas weit oben. Lange Zeit galt es als Ehre, wenn man in der Familie Wedda-Blut nachweisen konnte.

Vijaya seinerseits heiratete die Prinzessin Vijayi von Madurai. Weil er von einem Löwenmenschen abstammte,

wurde er jetzt auch Sinhala genannt, und auch seine Gefolgsleute bezeichneten sich mit diesem Namen. 38 Jahre herrschte Vijaya und unterhielt während dieser Zeit beste Beziehungen zu seinem südindischen Schwiegervater. Kinder hatten Vijaya und Vijayi keine. Vor seinem Tode sandte er deshalb nach seinem Bruder Sumitta in Sinhapura. Weil der Vater Sinhabahu in der Zwischenzeit gestorben war, hatte Sumitta dort bereits die Regentschaft übernommen und schickte seinen jüngsten Sohn Panduvasudeva, der in Lanka zum König gekrönt wurde.

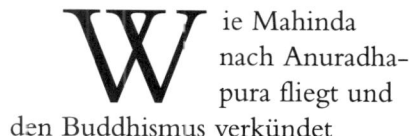

Wie Mahinda nach Anuradhapura fliegt und den Buddhismus verkündet

Das Leben in Sri Lanka ist von Mythen und Legenden durchsetzt. Der Löwe ist das srilankische Wappentier, und die Singhalesen sind stolz auf diese Abstammung. Sinhala, Löwenmenschen, nennen sie sich noch immer, und auch die älteren Namen der Insel wie Seilan, Ceilao und Ceylon leiten sich von diesem Namen ab.

Das mythische Land Lala und die Stadt Sinhapura vermutet man im heutigen nordwestindischen Bundesstaat Gujarat. Tatsächlich ist das Singhalesische eine arische Sprache, die aus diesem Gebiet stammen könnte. Doch die Mahavamsa hatte nicht historische Korrektheit zum Ziel. Jahrhunderte nach der Besiedlung der Insel von buddhistischen Mönchen geschrieben, sollte die Chronik vielmehr die singhalesisch-buddhistische Tradition der Insel untermauern. Gemäß der Mahavamsa erreichten nämlich Vijaya und seine Freunde die Insel Lanka exakt an dem Tag, da Buddha starb und ins Nirvana einging. Und so heißt es denn: *Als der Führer der Welt, nachdem er die ganze Welt erlöst hatte, sich zur letzten Ruhe bettete und das Nirvana vor sich hatte, inmitten der Versammlung der großen Götter, da sprach der große Weise, der größte derer, die Sprache haben, zu Sakka, welcher neben ihm stand: Vijaya, der Sohn des Königs Sinhabahu aus dem Lande Lala, ist mit 700 Männern nach Lanka gekommen. In Lanka, oh Herr der Götter, wird meine Religion begründet werden, deshalb beschütze ihn, seine Gefolgsleute und Lanka.*

Damit war erstmals ein „Konzept" formuliert, das in der singhalesischen Gesellschaft eine einmalige Ausprägung erfuhr. Insbesondere bei buddhistischen Mönchen, aber auch in den Augen vieler Singhalesen, gilt Sri Lanka als Hort für die Bewahrung des Buddhismus. Damit nicht genug: Zwischen der Volksgruppe der Singhalesen und der Insel Lanka wurde eine explizite Beziehung hergestellt – Religion, Nation und die ganze Insel sind im Glauben der buddhistischen Singhalesen stark miteinander verknüpft, das eine ohne die anderen Elemente nicht denkbar.

Buddhistisch war die Insel bei der Ankunft Vijayas im 6. Jahrhundert v. Chr. selbstverständlich noch nicht. Gemäß der Mahavamsa war es Mahinda, ein Sohn des südindischen Kaisers Ashoka, der den buddhistischen Glauben nach Sri Lanka brachte. Der Prinz war zusammen mit seiner Schwester Sangamitta schon früh einem Mönchsorden beigetreten, als Thera, das heißt, als ordinierter buddhistischer Mönch hatte er hohe geistliche Würden erlangt.

In Sri Lanka regierte seit 250 v. Chr. Devanampiya Tissa. Ein Jahr nach seinem Regierungsantritt reiste Mahinda in die Nähe der Hauptstadt Anuradhapura – der Mahavamsa zufolge flogen er und seine Begleiter wie Schwäne durch die Lüfte. Dort war König Devanampiya Tissa auf der Jagd. Auf einer Anhöhe erblickte er einen friedlich grasenden Hirsch – in Wirklichkeit den Schutzgott des Berges. Weil der König ihn nicht ohne Warnung schießen wollte, knallte er mit der Bogenschnur. Der fliehende Hirsch lockte ihn auf einen Hügel. Dort hörte er plötzlich eine Stimme: „Komm hierhin, Tissa." Die respektlose Anrede ließ den König argwöhnen, ein Yakka rufe nach ihm, doch es war Mahinda, der Devanampiya Tissa in ein Gespräch verwickelte. Nachdem er über ein geschicktes Fragespiel seine geistigen Fähigkeiten geprüft hatte, verkündete er ihm und seinem Gefolge die Lehre Buddhas. Devanampiya Tissa und seine 40 000 Gefolgsleute bekannten sich umgehend zum Dreifachen Juwel – zu Buddha, Dharma (Lehre) und Sangha (Gemeinschaft). Mahinda zog nach Anuradhapura, der König aber sah seine Aufgabe in der Verbreitung des Buddhismus. Tissa, der Freund der Götter, wie man Devanampiya Tissa übersetzen könnte, verdiente also seinen Namen zu Recht.

Der Ort, wo laut der Mahavamsa in der Vollmondnacht des Monats Poson die historische Begegnung stattfand, kann besucht werden: Es ist Mihintale, die Anhöhe des Mahinda, etwa 14 Kilometer östlich von Anuradhapura. Eine Steintreppe mit flachen Stufen führt an vielen Mangobäumen vorbei zur alten Klosteranlage. Von dort aus führt eine weitere Treppe zur Ambasthala-Dagoba. Eben hier soll Devanampiya Tissa dem missionierenden Mahinda erstmals begegnet sein. Gleich hinter der kleinen Dagoba steht der Sila-Felsen. Barfuß klettert man auf in Fels gehauenen Stufen an Geländern entlang steil zum Felsplateau hinauf. Hier, wo Mahinda, aus Indien kommend, gelandet sein soll, nahm die neue Religion ihren Ausgang. Kein Wunder, daß auch alte Singhalesen, zum Teil von weit her angereist, den Stein erklimmen wollen. Der Blick von der Felskuppe ist atemberaubend. Im Vordergrund die Mahaseya-Dagoba, die größte von Mihintale, die der Mahavamsa zufolge über einem Haar des Buddha errichtet worden ist. Fern im Westen leuchtet das Weiß der Dagobas von Anuradhapura aus dem Grün des Dschungels. Die beiden großen Stauseen der ehemaligen Hauptstadt, der Nuwara Wewa und der Tissa Wewa, funkeln in der Abendsonne. Im Osten und Süden ist das Land flach, überwuchert von Dschungel, durch den da und dort Stauseen schimmern. Erst ganz in der Ferne sind die ersten Berge zu erkennen.

Wie Duttha Gamani König Elara besiegt und erstmals Lanka vereinigt

Unter Devanampiya Tissa wurde der Buddhismus zur Staatsreligion. Die Blüte war allerdings von kurzer Dauer. Bald mußte sich das singhalesische Herrscherhaus wegen interner Zwistigkeiten und erster Invasionen von Tamilen nach Ruhuna, ganz in den Süden der Insel, zurückziehen. In Anuradhapura regierte der tamilische König Elara, der in der Mahavamsa für seine große Gerechtigkeit und allumfassende Weisheit gelobt wird.

In Ruhuna ließ es dem Fürstensohn Gamani keine Ruhe, daß die Singhalesen nicht die ganze Insel beherrschten. Er ermunterte seinen Vater, die Tamilen anzugreifen und Elara zu vertreiben. Als der Vater auch nach der dritten Aufforderung dabeiblieb, daß das Reich diesseits des Mahaweli groß genug sei, schickte ihm Gamani Frauenschmuck, den er als Zeichen seiner Schwäche tragen sollte. Dafür wollte er seinen ungezogenen Stammhalter in Ketten legen lassen, doch Gamani entfloh in die Berge und trug fortan den Beinamen Duttha, der Böse.

Nach dem Tode des Vaters ergriff Duttha Gamanis jüngerer Bruder Tissa in Mißachtung der Erbfolge die Macht, zog aber wohlweislich mit Mutter, Herrscherinsignien und dem Staatselefanten Kandula in eine abgelegene Region. Duttha Gamani ließ sich umgehend zum Herrscher ausrufen und forderte den Bruder auf, ihm die Macht zu übergeben. Als sich dieser weigerte, kam es zum Bruderkrieg, der mit einem glänzenden Sieg des Älteren endete. Nun konnte er sich endlich auf die Schlacht gegen Elara vorbereiten. Er erklärte die bevorstehende Auseinandersetzung zum Religionskrieg, sammelte ein starkes Heer und zog in Begleitung von 500 Mönchen nach Norden. Nachdem er in blutigen Kämpfen viele Dörfer und Festungen niedergemacht hatte, stand er endlich vor den Toren Anuradhapuras. Elara stellte sich dem feindlichen Heer, verlor aber früh seinen Heerführer. Angesichts der sich abzeichnenden Niederlage versuchte er sich auf einem Elefanten in Sicherheit zu bringen, doch Duttha Gamani stellte ihm auf seinem Elefanten Kandula nach. In einem dramatischen Zweikampf besiegte er den tamilischen König und zog im Triumphzug in Anuradhapura ein.

Von 161 bis 137 v. Chr. regierte Duttha Gamani als erster Herrscher über ganz Ceylon. Anuradhapura entwickelte sich zu einer mächtigen, florierenden Stadt, deren Einfluß zeitweise von Rom bis nach China reichte. Von hier aus entfaltete sich eine überragende Kultur mit einem weitverzweigten Bewässerungssystem und imposanten Bauwerken, begann die Blüte der singhalesischen Klassik.

Duttha Gamani aber saß nach seinem glorreichen Sieg auf der Terrasse des Königspalastes auf einem weichen Sofa, beleuchtet von Duftlampen, umgeben von Tänzerinnen und konnte sich seines Erfolgs doch nicht freuen: Er mußte daran denken, daß sein Sieg mit der Zerstörung von vielen Menschenleben verbunden war. Da kamen acht äußerst fromme Mönche, um ihn zu trösten. „Für mich gibt es keinen Trost, ich habe Millionen niedergeschlachtet", sagte Duttha Gamani. „Diese Tat hindert deinen Weg in den Himmel nicht", entgegneten die Mönche. „Nur eineinhalb menschliche Wesen wurden von dir umgebracht." Tatsächlich, so erklärten die Mönche dem erstaunten Duttha Gamani, hatte sich nur einer der Niedergemachten wirklich zum Buddhismus bekannt, ein anderer sei auf gutem Weg dazu gewesen: „Der Rest waren Ungläubige und Leute, die ein übles Leben führten, die man als nicht besser als Tiere betrachten sollte."

Das wenigste an diesen Legenden, die erst in späteren Jahrhunderten niedergeschrieben wurden, darf für bare Münze genommen werden. Der Einfluß, den die Mahavamsa auf die singhalesische Gesellschaft hatte und immer noch hat, ist jedoch groß. Viele Singhalesen verehren Duttha Gamani noch immer und preisen seine Taten. Nach der Unabhängigkeit verwiesen chauvinistische Nationalisten im ethnischen Konflikt immer wieder auf Duttha Gamani als Helden, der das Land dank seiner Tatkraft geeinigt habe. Diplomatie, so wurde argumentiert, sei die falsche Methode, ein starkes Heer die einzige Lösung.

Künstliche Seen und ein Netz von Kanälen – Zeugen einer genialen Ingenieurskunst

Mit der Zuwanderung, die vor 2 500 Jahren überwiegend aus Südindien einsetzte, kam auch die Reispflanze nach Sri Lanka. Zu ihrem Anbau war allerdings eine ausgeklügelte Technik nötig, weil die Pflanze während des gesamten Wachstums im Wasser stehen muß. Von den Flüssen in der Trockenzone der Insel führt lediglich der Mahaweli ganzjährig Wasser. Die Zeitdauer des Monsuns ist zu knapp für den Reisanbau, zudem fließt das Wasser bei großem Gefälle rasch ab. Natürliche Seen gibt es nur wenige im Hochland. Schon in frühesten Zeiten legte man deshalb mit Hilfe einfacher Erdwälle kleine Stauseen an. Auf diese künstlichen Speicher war man besonders in der nördlichen Trockenzone angewiesen.

Einer der ersten Stauseen bei Anuradhapura wurde vermutlich schon im 4. Jahrhundert v. Chr. angelegt. Zur genauen Wasserverteilung auf die Felder wurden bald einfache Steinschleusen entwickelt, mit deren Hilfe auch der Wasserstand reguliert werden konnte. Mit der Zeit wurden die Seen über ein Netz von Kanälen miteinander verbunden. Mit komplizierten Bewässerungssystemen konnte letztlich die gesamte Trockenzone bewässert werden.

Dabei wurden wahre Meisterleistungen vollbracht. König Dhatusena ließ im 5. Jahrhundert den Kala Wewa anlegen. Die Wälle dieses 18 km^2 großen „schwarzen Sees" sind bis zu 35 Meter hoch. Die Schächte für den Abfluß bestehen aus behauenem Granit. Gespeist wird der See mit Wasser vom Kala Oya. Der künstliche, 13 Meter breite Yayaganga-Kanal bringt das Wasser 86 Kilometer weit nach Anuradhapura – und das bei einem durchschnittlichen Gefälle von weniger als zehn Zentimetern pro Kilometer.

Etwa 30 000 solcher künstlich angelegter Seen gab es zur Blütezeit dieser Bewässerungstechnik. Wewa heißen die kleineren Reservoirs auf singhalesisch, Samudra oder Meer die großen. Auf tamilisch werden die Speicherseen Kulam genannt. Die Engländer fanden die Bezeichnung Tank. Unzählige Dorfnamen zeugen von dieser Technik. So heißen Dörfer im Norden Mankulam oder Senthankulam, weiter südlich dann Nikawewa oder Ambagaswewa.

Dank dieser genialen Ingenieurskunst blühte die Landwirtschaft. Das Bewässerungsnetz bildete das Herz einer gedeihenden Wirtschaft, deren Überschüsse der aufstrebenden Hauptstadt Anuradhapura zuflossen. Die zunehmende Verquickung von Herrschaft und Religion schlug sich in massiven religiösen Bauwerken nieder, den sogenannten Dagobas, die in andern buddhistischen Ländern Stupa genannt werden. Der singhalesische Name wird von Dhatugarbha, Reliquienkammer, hergeleitet. Tatsächlich wurden hier Reliquien Buddhas oder buddhistischer Heiliger eingemauert. In ihrer einfachsten Form ist eine Dagoba ein mit Ziegeln verkleideter Erdhügel. Schon im 2. Jahrhundert v. Chr. ging man dazu über, für die Verkleidung behauene Steine zu verwenden.

Der Aufbau einer Dagoba ist immer gleich. Über einer quadratischen Terrasse aus Ziegeln oder Steinen erhebt sich ein halbkugelförmiger Dom. Seine Kuppel hat im allgemeinen den halben Durchmesser der Terrasse, so daß außerhalb des Doms ein Rundgang für die Gläubigen verbleibt. Zuoberst auf der Kuppel ruht ein quadratischer Steinbehälter, in dem die Reliquie aufbewahrt wird, wenn die Reliquienkammer nicht, wie meistens, im Kern der Dagoba eingemauert ist. Über dem Steinquader erhebt sich der sogenannte Chattra, ein konischer Aufbau von konzentrischen Kreisen, der von einer vergoldeten Spitze oder einem Edelstein gekrönt wird.

Sechs verschiedene Formen von Kuppeln gibt es in Sri Lanka. Am verbreitetsten sind blasen- und tropfenförmige Dagobas. Ältere Dagobas haben bisweilen auch die Form einer Glocke oder eines Reishaufens. Seltener sind die Chatty- und die Amalaka-Form, die entweder an einen bauchigen Topf oder an eine Frucht erinnern.

Anuradhapura – singhalesischer Königssitz, Stadt der Paläste, Tempel und Dagobas

Devanampiya Tissa, der der Mahavamsa zufolge als erster Singhalese zum Buddhismus bekehrt worden war, ließ die relativ kleine Thuparama-Dagoba in Form eines Reishaufens bauen. Unter die Regierungszeit Duttha Gamanis, der unmittelbar nach seiner Eroberung der Hauptstadt die Mirisavati-Dagoba errichten ließ, fällt auch der Bau der großen Ruvanveliseya-Dagoba. Dieses gewaltige Bauwerk, das auch Maha Thupa genannt wird, ist schon von weither zu sehen. Die Kuppel muß damals bei den Gläubigen einen ungeheuren Eindruck hinterlassen haben, war sie doch mit ihren 110 Metern Höhe und einem Umfang von 315 Metern eines der größten Bauwerke weltweit. Duttha Gamani hatte diese Stupa, auf deren Blasenform er besonders stolz war, in hohem Alter errichten lassen, und sie wurde fertiggestellt, als er schon auf dem Sterbebett lag.

Ein Besuch in Anuradhapura beginnt am besten hier. Am frühen Morgen, wenn die Luft kühl und die Gedanken klar sind, wenn noch keine Autos und Busse auf dem Parkplatz stehen, ist der Anblick unvergeßlich. Mächtig ragt die Dagoba in den Himmel – mit dem einzigen Zweck, von Buddha Zeugnis abzulegen. Ehrfürchtig klein steht man vor dieser Masse Steine, die, in eine einfache, prägnante Form gebracht, Ruhe und Würde ausstrahlen. Wie die Gläubigen kann man nun im Uhrzeigersinn um die Dagoba herumgehen und alles auf sich wirken lassen.

Anuradhapura war komplett vom Dschungel überwuchert, als es 1820 entdeckt wurde. Erst siebzig Jahre später begannen britische Archäologen mit Ausgrabungen. Seither wurde die antike Stadt dem Dschungel regelrecht entrissen. Dagobas, die vor hundert Jahren noch von Büschen und Bäumen überwuchert waren, erstrahlen in neuem Glanz. Die Restauration glückte nicht immer ganz; die Kuppel der Ruvanveliseya-Dagoba zum Beispiel wurde abgeflacht, so daß die vollendete Rundung verlorenging.

Die Stadt muß ein unglaubliches Ausmaß gehabt haben. Dagobas, Tempel und Paläste waren über Straßen miteinander verbunden. In einer Beschreibung der Stadt aus dem 7. Jahrhundert heißt es: *Die goldenen Zinnen und Tempel der Paläste glitzern am Himmel, die Straßen sind mit Bogen überspannt, von denen Fahnen herabwehen, zur Seite sind die Straßen mit schwarzem, in der Mitte mit weißem Sand bestreut und rechts und links stehen Vasen mit Blumen und Nischen mit lampentragenden Statuen.*

Es gab drei Stadtteile. Das Zentrum mit dem Königspalast war der königlichen Familie und dem Hofstaat vorbehalten. Außerhalb der Mauern lebten in verschiedenen Klöstern buddhistische Mönche. In diesen Quartieren waren zwei- und dreistöckige Wohnhäuser üblich, Straßenkehrer sorgten für Sauberkeit. Darum herum siedelten Bauern, Kaufleute, Handwerker und Arbeiter.

Die verschiedenen Ruinen besucht man am besten zu Fuß – aber dann braucht man Tage – oder auf einem Fahrrad. Überall trifft man auf Säulen, behauene Steine. Mauern führen in den Dschungel: Noch längst ist nicht alles freigelegt, anderes bereits wieder überwachsen. Beim Zwillingsbecken, dem Kuttam-Pokuna, sollte man das Fahrrad eine Weile abstellen. Die traumhafte Badeanlage des Abhayagiri-Klosters in einer parkähnlichen Landschaft ist tadellos restauriert. Wasser, das zuerst durch ein Filter-

becken geleitet wird, fließt aus einem Fabelwesen in ein Becken. Die Innenwände der Bäder sind abgestuft und bieten so Sitz- und Liegemöglichkeiten. Das luxuriöse Bad zeugt von einem Überfluß, wie man ihn in diesem Land selten mehr antrifft.

Ganz in der Nähe des Tissa Wewa, einem herrlichen Stausee, der von Devanampiya Tissa angelegt wurde, steht das wichtigste Heiligtum in Anuradhapura, der Bodhi-Baum. Prinz Siddharta Gautama soll unter einem Bodhi-Baum erleuchtet und so zum Buddha geworden sein, deshalb sein Name: Baum der Erleuchtung. Ein Zweig dieses Baumes wurde der Mahavamsa zufolge von der Nonne Sangamitta, einer Schwester von Mahinda, zu König Devanampiya Tissa nach Anuradhapura gebracht und hier eingepflanzt. Seither wird der Baum gehegt, gepflegt und verehrt.

Zur abendlichen Puja, der Gebetszeremonie, treffen auch an einem gewöhnlichen Werktag Hunderte von Pilgern ein, um Blüten und Räucherstäbchen niederzulegen. Der Baum ist umzäunt und steht auf einer Terrasse, zu der der Zutritt verboten ist. Die langen Äste der bejahrten Pflanze werden von eisernen Stützen getragen. Überall sitzen Pilger ins Gebet versunken oder knien vor dem Baum nieder.

Der Niedergang Anuradhapuras begann im 9. Jahrhundert. Krieger aus dem Chola-Reich in Südindien drangen immer wieder in Sri Lanka ein und übernahmen schließlich die Herrschaft in Anuradhapura. Die Cholas verlegten die Hauptstadt nach Polonnaruwa, das strategisch günstiger lag und überdies weniger von Moskitos geplagt war als Anuradhapura mit seinen großen Stauseen. Hier existierte bereits ein ausgedehntes Bewässerungssystem mit Wasser aus dem Mahaweli.

Die Singhalesen hatten sich einmal mehr in den tiefen Süden nach Ruhuna zurückgezogen. Erst nach mehreren Jahren gelang es ihnen 1073, Polonnaruwa zurückzuerobern. Vor allem unter König Parakrama Bahu erlebte das Land im 12. Jahrhundert eine neue Blüte. In der Hauptstadt Polonnaruwa entstanden Paläste, Bäder und prachtvolle Bauten. Im Osten der Stadt ließ er den 26 km² großen künstlichen Stausee Parakrama Samudra, das Meer des Parakrama, zur Bewässerung des umliegenden Landes anlegen. „Kein Tropfen Regenwasser darf in den Ozean fließen, ohne dem Menschen nützlich gewesen zu sein", soll dieser bedeutende Herrscher gesagt haben.

Am eindrücklichsten ist jedoch die Gal Vihara, der Felsentempel, der zu Parakrama Bahus Zeiten in eine Granitwand gehauen wurde. Die südlichste Figur ist ein sitzender, meditierender Buddha, etwa fünf Meter groß, dessen Ausdruck auf eine entrückte Meditation hindeutet. Eine zweite, sitzende Buddhastatue ist kleiner und thront in einer tiefen künstlichen Höhle. Rechts davon eine sieben Meter hohe Figur, die den Forschern Rätsel aufgibt. Ist es Buddha oder sein Lieblingsschüler Ananda? Für beide Meinungen gibt es gute Anhaltspunkte. Wäre hier Buddha dargestellt, ist die Armhaltung in der ganzen srilankischen Kulturgeschichte einzigartig und unorthodox. Gegen eine Darstellung des Schülers spricht, daß er, was sich für einen Schüler nicht ziemt, am Kopfende eines liegenden Buddhas steht – eines 14 Meter langen, liegenden Buddhas, dessen entrücktes Lächeln vom kommenden Nirvana kündet. Sein Kopf ruht, unterstützt von seiner rechten Hand, auf einem Kissen. Jedes Detail dieser kolossalen Plastik ist bis zum Faltenwurf des Kleides fein ausgearbeitet. Die riesigen Buddhafiguren gehören zweifellos zu den Hauptwerken des srilankischen Kunstschaffens.

Interessant, wie deutlich sich hier im Vergleich zu Anuradhapura der zunehmende Einfluß Südindiens manifestiert. Neben Palästen und Dagobas finden sich in Polonnaruwa auch etliche Devales, hinduistische Tempel. Eine Devale zu Ehren des Gottes Shiva aus dem 11. Jahrhundert gilt sogar als das älteste erhaltene Bauwerk der Stadt. Für den Bau einer zweiten Shiva Devale wurden im frühen 13. Jahrhundert die Steine so paßgerecht zugehauen, daß Bindemittel unnötig waren – typisch für die damalige südindische Architektur.

Polonnaruwa hatte nicht 14 Jahrhunderte Bestand wie Anuradhapura. Thronstreitigkeiten sowie Einfälle und Raubzüge von Tamilen führten dazu, daß die Hauptstadt Ende des 13. Jahrhunderts aufgegeben und dem Dschungel überlassen wurde. Ihr Sitz wechselte nun in rascher Folge: Zuerst residierten die Herrscher in Dambadeniya und Yapahuwa, dann zogen sie über Kurunegala, Gampola und Kotte immer weiter südwärts. Gleichzeitig formte sich im zentralen Bergland ein selbständiges Königreich mit der Hauptstadt Kandy. Die politische Instabilität führte zu immer neuen Feldzügen südindischer Herrscher. Schließlich formte sich im Norden ein tamilisches Königreich mit der Hauptstadt Jaffna. Von den Singhalesen im Süden waren die Tamilen durch einen fast undurchdringlichen Dschungelgürtel getrennt.

Ceilao, Zeilan, Ceylon – Sri Lanka unter den Portugiesen, Holländern und Briten

Als die Portugiesen im Jahre 1505 erstmals auf der Insel landeten, fanden sie drei Königreiche vor: ein tamilisches im Norden mit der Hauptstadt Jaffna und zwei singhalesische mit den Hauptstädten Kotte, nahe dem heutigen Colombo, und Kandy im zentralen Hügelland. Der König von Kotte war beeindruckt von der Ausrüstung der Europäer und zeigte sich bereit, ihnen das Monopol im Gewürzhandel zu überlassen. Ausschließlich an Handelsbeziehungen interessiert, brachten die Portugiesen vorerst lediglich einige Stützpunkte an der Küste unter ihre Kontrolle. Um ihren Einfluß auszudehnen, eroberten sie weitere Landesteile und verstrickten sich dabei in politische Wirren.

Schließlich verbündete sich der König von Kandy mit den Holländern, um Trincomalee und Batticaloa zurückzuerhalten. Die Holländer eroberten außerdem Colombo und Galle und übernahmen 1656 die portugiesischen Besitzungen auf Ceylon. Um den Handel sicherzustellen, brachten sie in den nächsten 140 Jahren die gesamten Küstengebiete unter ihre Kontrolle. Das Königreich Kandy war damit praktisch von der Außenwelt abgeschnitten.

Als Folge europäischer Mächteverschiebungen verlor Holland seine ceylonesischen Besitztümer 1796 an England, das als Kolonialmacht eine Eroberung der ganzen Insel anstrebte. 1815 nahmen britische Truppen das Königreich Kandy ein und stellten 1833 Ceylon erstmals unter eine gemeinsame Verwaltung. Im Hochland südlich von Kandy wurde eine ausgedehnte Plantagenwirtschaft aufgebaut.

Da der größte Teil der einheimischen Bevölkerung die Arbeit auf den Plantagen ablehnte, brachten die Briten in der zweiten Hälfte des 19. Jahrhunderts 900 000 tamilische Arbeitskräfte aus Südindien nach Sri Lanka. Von der Umwelt isoliert, lebten sie in sklavenähnlichen Verhältnissen im zentralen Hügelland.

Die Sri-Lanka-Tamilen, die seit vielen Jahrhunderten vor allem im Norden und Osten der Insel lebten, wurden von den Engländern hingegen stark gefördert. Christliche Missionsschulen entstanden vorwiegend im Norden der Insel. Die Tamilen drängten mit ihrer Ausbildung ungleich stärker in die koloniale Bürokratie als die Singhalesen.

Nach Erlangung der Unabhängigkeit, die für die sogenannten Indien-Tamilen die Aberkennung der Bürger- und Wahlrechte brachte, wurde die Regierung vorerst von einer verwestlichten singhalesischen Elite dominiert, die die United National Party (UNP) anführte. Singhalesen machen heute fast drei Viertel der rund 18 Millionen Einwohner Sri Lankas aus und können so die Politik des Landes fast nach Belieben bestimmen.

Zunehmende Probleme mit den Minderheiten – Sri Lanka als unabhängiger Staat

Unmittelbar nach Erlangung der Unabhängigkeit wurde die singhalesische Mittelklasse durch ihre zahlenmäßige Stärke als politische Kraft immer einflußreicher. Das nutzte Solomon Bandaranaike, der Gründer der Sri Lanka Freedom Party (SLFP). Er nahm die Forderung nach Singhalesisch als einziger offizieller Landessprache in sein Wahlprogramm auf und verwirklichte sie nach seiner Wahl im Jahre 1956 per Gesetz. Eine Verordnung, daß bis spätestens 1960 Singhalesisch als Verwaltungssprache auch in tamilischen Gebieten eingeführt werden müsse, stieß dort auf erbitterten Widerstand, hätte sie doch bedeutet, daß tamilische Staatsangestellte innerhalb dieser Frist Singhalesisch hätten lernen müssen und alle Briefe der Verwaltung singhalesisch abgefaßt gewesen wären.

Statt dessen handelten Vertreter der Tamilen mit der Regierung 1957 einen Vertrag aus, der den Gebrauch ihrer Sprache im Norden und Osten sowie eine gewisse Selbstverwaltung in diesen Gebieten garantiert hätte. Auf Druck extremer buddhistischer Gruppen und der umgeschwenkten UNP ließ die Regierung den Vorschlag wieder fallen. Darauf kam es 1958 erstmals zu gewalttätigen Unruhen. Welche Ausmaße der Fanatismus auf singhalesischer Seite bisweilen annahm, zeigt die Tatsache, daß Solomon Bandaranaike 1959 von einem buddhistischen Mönch umgebracht wurde, weil er sich für Konzessionen gegenüber den Tamilen ausgesprochen hatte. Es gehört in dieses politische Umfeld, daß nach 1948 ein starker Rückgang des tamilischen Anteils an Staatsstellen einsetzte.

Doch die Tamilen fühlten sich nicht nur durch die Sprachenpolitik von der Regierung diskriminiert. Seit den 30er Jahren war man bemüht, den übervölkerten Südwesten mit Bewässerungs- und Ansiedlungsprojekten in der dünnbesiedelten Trockenzone zu entlasten. Nach 1948 wurden diese Projekte kräftig forciert. Diese Umsiedlung führte dazu, daß auf den neuerschlossenen Gebieten im tamilischen Osten vorwiegend Singhalesen angesiedelt wurden. Tamilen betrachteten diese Siedlungspolitik als gezielte Veränderung der demographischen Struktur im Osten.

Vor allem jugendliche Tamilen spürten die immer stärkere Diskriminierung gegenüber Singhalesen. Ein 1970 eingeführtes Zulassungssystem für die Universitäten, das von den Tamilen bessere Noten als von Singhalesen verlangte, führte umgehend zu einer Radikalisierung der tamilischen Studentenschaft.

Extremismus, Bürgerkrieg und die Hoffnung auf dauerhafte Rückkehr zur Demokratie

Als Ceylon 1972 umbenannt wurde und den ruhmvollen singhalesischen Namen Sri Lanka zurückerhielt, war das für die Tamilen ein Affront. Tatsächlich wird die Insel im Norden zumeist als Ceylon bezeichnet. Eine neue zentralistische Verfassung machte alle Hoffnungen der Tamilen auf eine gewisse Autonomie zunichte. Neben der Bevorzugung des Singhalesischen fand auch der Buddhismus, der schon früher gegenüber den anderen Religionen aufgewertet worden war, spezielle Erwähnung in der Verfassung: Es sei die Pflicht des Staates, diese Religion zu schützen und zu fördern. Gleichzeitig wurde eine Klausel der alten Verfassung, die Minderheiten und Angehörigen anderer Religionen Schutz vor Diskriminierung versprach, ersatzlos gestrichen.

Im selben Jahr, 1972, wurden die Liberation Tigers of Tamil Eelam (LTTE) gegründet, die erste tamilische Guerillagruppe. Sie fordert die Errichtung eines unabhängigen tamilischen Staates Tamil Eelam im Norden und Osten des Landes. Aber auch die tamilischen Politiker im Norden schlossen sich zusammen. 1976 gründeten sie die Tamil United Liberation Front (TULF), die im Parlament für einen eigenen tamilischem Staat kämpfen wollte.

Die Wahlen von 1977 endeten mit einem Erdrutschsieg der UNP, die fünf Sechstel aller Parlamentssitze gewann. Oppositionspartei war überraschenderweise nicht die vernichtend geschlagene SLFP, sondern die tamilische TULF, welche im Norden einen überragenden Wahlsieg errungen hatte. Damit standen sich im Parlament erstmals nicht zwei singhalesische Parteien als Opponenten gegenüber. Diese neue Konstellation stärkte das Selbstbewußtsein der Tamilen, ließ jedoch andererseits bekannte Ängste der Singhalesen hervortreten, daß sich ein unabhängiger Tamilenstaat heranbilden könnte, der in starker Beziehung zum südindischen Bundesstaat Tamil Nadu stände.

Diese Entwicklung verschärfte die Spannung im ethnischen Konflikt. Regierungschef Junius Richard Jayewardene, der vor den Wahlen die Probleme der Tamilen noch anerkannt und Abhilfe versprochen hatte, versuchte nun, die Zentralmacht zu stärken und ersetzte die parlamentarische Demokratie durch eine Präsidialdemokratie. Unter dem Vorwand, die Opposition habe eine Verschwörung gegen ihn geplant, setzte er 1983 fällige Parlamentswahlen aus. Statt dessen wurde mit einem Referendum die Amtszeit des 1977 gewählten Parlaments bis 1989 verlängert.

Die Verzögerung einer Lösung der Tamilenfrage und die Erfolglosigkeit der TULF im Parlament verschafften der tamilischen Guerilla enormen Zulauf. Verschiedene gegen Polizei und Armee verübte Terrorakte verstärkten die Verärgerung der Singhalesen, was nach Auseinandersetzungen 1979 und 1981 im Sommer 1983 zu blutigen Unruhen führte.

Auf beiden Seiten kamen nun immer mehr die Extremisten zu Wort. Das Land driftete in einen Bürgerkrieg, der Zehntausende von Toten und Hunderttausende von Flüchtlingen forderte, bis Mitte der 90er Jahre endlich auf beiden Seiten der Fanatismus einer Einsicht Platz zu machen schien. Bei Tamilen und Singhalesen nahm der Druck auf Politiker, Armee und Guerilla zu, mit politischen Mitteln eine friedliche Lösung des Konflikts zu erreichen. Demokratische Wahlen 1994 und die deklarierte Absicht der neugewählten Regierung unter Chandrika Kumaratunga ließen die Hoffnung keimen, daß das Land aus dem Strudel der Gewalt zurückfindet. Sri Lanka, die strahlende Insel, sollte ihrem Namen wieder Ehre machen.

K ühle strahlen die
weißgetünchten
Mauern des Klosters
von Dambulla aus. Ein stiller Ort,
an dem Bhikkus, buddhistische
Mönche, leben und meditieren.

Frühes Sonnenlicht streift den sitzenden Buddha vom Gal Vihara. Versteckt im Land entdeckt man noch so manche kleinere Buddhafigur.

Nächste Seite:

Die Kolossalstatue des liegenden Buddha in Polonnaruwa. Noch ist die Stunde des Gebets, noch ist nicht die Zeit der Touristen.

Harmonie und Spannung. Die Straße dahin hat viele Tore. Öffne sie alle, um das Ziel zu erkennen. Der Weg zu den sitzenden Buddhas im Vatadage von Polonnaruwa führt durch steinerne Portale.

Mönche gehören zum Alltag von Sri Lanka. Sie leben in Klöstern oder Einsiedeleien und spielen auch im weltlichen Leben eine einflußreiche Rolle.

F elsskulpturen bei Budu-
ruvagala, die vom Leben
Buddhas berichten.
Ablaufendes Regenwasser hinter-
läßt auf den Figuren rötliche Streifen und belebt sie auf eigentümliche
Art.

Der in Felsen gehauene Elefant in Anuradhapura befindet sich im Bad der Elefanten, und man opfert ihm zuweilen etwas. Man kann ja nie ganz wissen …

Nur durch Meditation kommt man der Erleuchtung näher. Abseits vom Trubel in karger Fels–landschaft, inmitten der Einsamkeit von Formen und Farben.

Nächste Seite:

Mehr als fünftausend Klöster gibt es auf der Insel. Dieser Mönch bereitet Stangen mit Behältern für ölgetränkte Lappen vor, die bei nächtlichen Umzügen mitgeführt werden.

Riesige Kuppeln ragen in den Himmel von Anuradhapura. Weiß strahlt die Ruvanveliseya-Dagoba. Anuradhapura ist Heiligtum und zugleich Erinnerung an vergangene singhalesische Macht.

Eine Nonne ruht sich im Wald der Stelen von Anuradhapura aus. Es ist drückend heiß, sie wartet auf die Prozession in der Dämmerung. Besonders während der Zeit des Vollmonds herrscht geheimnisvolles Treiben an diesem mystischen Ort.

Nächste Seite:

Klein ist der Mensch, der vor der riesigen Dagoba betet. Ihre Form symbolisiert den ewigen Kreislauf des Lebens, verbindet die Harmonie mit der Spannung, ist allumfassend.

zweit in einem Raum, in diesem Felsenkloster. Wer die gesamte Lehrzeit von zehn Jahren zu Ende führt, kann im Alter von 20 Jahren die Upasampada, die Mönchsweihe, erhalten und seinerseits Novizen unterrichten.

Männer in Sarongs, Frauen in bunten Saris und Kinder in der Schuluniform

Sich einfach irgendwo hinzusetzen und zu schauen, ist nicht die schlechteste Art, das Land kennenzulernen. Fast an jeder Ecke gibt es ein Bath-kade, wörtlich einen Reisladen, tatsächlich ein kleines Restaurant. Der hier servierte Tee wird immer aus Dust gebraut, den kleinsten Teilchen, die in einer Teefabrik anfallen. Wer seinen Tee ohne Milch oder gar ohne Zucker trinken will, erntet ungläubiges Mitleid. Srilanker trinken ihren Tee sehr hell und sehr süß. Zunächst ein Schock, aber genau das richtige nach einem scharfen Essen.

In den Städten sind schon am Morgen viele unterwegs, meist in westlicher Kleidung. Männern im Sarong, dem traditionellen Wickelgewand, das um die Hüften geschlagen wird, begegnet man nur noch in Dörfern – oder zu Hause, wo jeder sofort seine Hose gegen das bequeme Kleidungsstück vertauscht. Ein Sarong besteht einfach aus einem ungefähr zwei Meter langen und einen Meter breiten Stoffstreifen, der zusammengenäht ist. Hineinsteigen und Zusammenknoten ist alles.

Auch längst nicht mehr alle Frauen tragen den Sari, das wunderbare Kleid, bei dem der Körper mit fünf bis sechs Metern Stoff kunstvoll umhüllt wird. Seide können sich natürlich nur reiche Familien leisten. Verbreiteter sind künstliche Mischgewebe, Baumwolle gilt als ärmlich. Nicht alle Saris werden gleich getragen; es gibt verschiedene Wickel-Stile, und moslemische Frauen benutzen das Ende des Stoffes als Kopftuch.

Mark Twain schwärmte 1895 bei seinem Besuch in Ceylon von den Kleidern der einheimischen Bevölkerung: *So betäubende Farben, so intensiv lebhafte Farben, ein so reiches und exquisites Mischen und Verschmelzen von Regenbogen und Blitzen! Und alles harmonisch, alles mit vollendetem Geschmack; nie ein Missklang.* Im Gegenzug beanstandete er die uniformierten Schülerinnen und Schüler: *Diese Kleider – oh, sie waren unaussprechlich häßlich! Häßlich, barbarisch, bar jeden Geschmacks, bar jeder Würde, widerwärtig wie ein Sterbehemd.*

Dieses Relikt der Kolonialzeit hat sich bis heute erhalten. Frühmorgens sieht man im ganzen Land Kinder auf dem Weg zur Schule. Sie alle tragen eine Uniform, an einigen Schulen sogar Krawatten. Und es sind viele: Die Hälfte von Sri Lankas Bevölkerung ist jünger als 20 Jahre. Das jährliche Wachstum ist mit 1,2 Prozent geringer als in den meisten Ländern Asiens, liegt aber wesentlich höher als in westlichen Ländern.

Die Schulbildung ist ausgezeichnet, die Alphabetisierungsrate mit 89 Prozent eine der höchsten in Asien. Der hohe Bildungsstand ist nicht zuletzt den Briten zu verdanken, die in ihrer Kolonie ein hervorragendes Schulsystem aufbauten. Leider wächst damit vor allem die Zahl der gut ausgebildeten Arbeitslosen. Über 350 000 Schulabgänger suchen jedes Jahr eine Stelle nach ihren Fähigkeiten – eine Zahl, die von der Wirtschaft nicht aufgenommen werden kann.

Ein weiteres Problem: Je höher die Schulen, desto weniger Platz für Auszubildende. Auch fähige Schüler mit einem A-Level-Abschluß, der mittleren Reife, müssen deshalb auf ein Studium verzichten. Selbst für erfolgreiche Universitätsabsolventen sind die Stellen äußerst rar. Kein Wunder, wenn im Sri Lanka der Unabhängigkeit immer wieder Protestwellen von jungen und gut ausgebildeten, aber unzufriedenen Mittelschul- oder Universitätsabsolventen ausgingen.

Der antike Buddha über dem Felsenkloster von Aukana

Im „kulturellen Dreieck", dessen Eckpunkte Kandy, Anuradhapura und Polonnaruwa bilden, könnte man von einer Sehenswürdigkeit zur andern rasen. Der Buddha von Aukana läßt einen diesen Wunsch vergessen.

Die Straße führt dem Kala Wewa entlang, dem gewaltigen Stausee, den König Dhatusena im 5. Jahrhundert anlegen ließ. Zuerst passiert man den künstlichen Yayaganga-Kanal, der das Wasser noch heute nach Anuradhapura führt, dann fährt man direkt auf dem bis 35 Meter hohen Damm. Linkerhand liegt schwarz und ruhig der weite See. Durch den Dschungel führt die holprige Straße nach Westen bis zum kleinen Felsenkloster Aukana.

Leicht erhöht über dem kleinen Klostergebäude steht die 13 Meter hohe Statue, meisterhaft aus der Felswand gehauen. Das edel gestaltete Gesicht blickt nach Osten in Richtung Kala Wewa, und bei Sonnenaufgang läßt sich erkennen, weshalb der Buddha Aukana heißt, was soviel bedeutet wie Sonne essend. Die rechte Hand ist segnend erhoben, die linke hält das Gewand an der linken Schulter. Unglaublich fein gearbeitet der Faltenwurf des zarten Gewandes. Das Haupt ist von der Flamme der Erleuchtung gekrönt.

Unendliche Ruhe geht von der Statue aus. Weil nur wenige Touristen nach Aukana fahren, kann man ungestört dasitzen und schauen. Unterhalb des Hügels pflügt ein Bauer sein Reisfeld. Von irgendwoher tönen Gesangsfetzen ans Ohr. Vögel pfeifen, trillern und zwitschern. Und was für ein Schicksal, das hinter der Entstehungsgeschichte steht: Dhatusena habe, so heißt es, beim Bau des Kala Wewa versehentlich einen meditierenden Mönch ertränkt. Deshalb habe er den Buddha von Aukana in Auftrag gegeben. Das Karma, von seinem eigenen Sohn umgebracht zu werden, habe er damit nicht abwenden können. Eine Legende mehr.

Wie anders nach diesem größten antiken Buddha die größte moderne Statue in Wewurukannala an der Südküste. 50 Meter hoch soll sie sein, auf der Rückwand führen Treppen hoch bis zum Haupt des Erleuchteten. Mit seinem gelben Gesicht, dem orangefarbenen Gewand und den rosa Handflächen und Fußsohlen vor dem hellblauen Hintergrund erinnert er an überdimensioniertes Zuckerzeug. Die ganze Statue ist mit kleinen Fliesen belegt, an den Ohren blättert schon der Putz ab. Tauben lagern sich zu Füßen des sitzenden Buddhas, Schmutzränder überall.

Noch schlimmer ein langer Gang, durch den früher die Pilger geführt wurden. In der Eingangshalle werden die Höllenstrafen plastisch vorgeführt: Grinsend tauchen teuflische und vampirhafte Gestalten die Sünder in siedendes Wasser oder sägen ihren Leib entzwei. 136 mögliche Vergehen werden auf den Seiten des Ganges bildhaft vorgeführt, das Bild darunter zeigt jeweils die zu erwartende drakonische Strafe.

Hermann Hesse hielt mit seinem Urteil über solche Auswüchse nicht zurück: *Ich hatte keinerlei Achtung vor den miserablen Priestern, ich verachtete die Bilder und Schreine, das lächerliche Gold und Elfenbein, das Sandelholz und Silber, aber ich fühlte tief und mitleidend mit den guten, sanften indischen Völkern, die hier in Jahrhunderten eine herrlich reine Lehre zur Fratze gemacht und dafür einen Riesenbau von hilfloser Gläubigkeit, von töricht herzlichen Gebeten, und Opfern, von rührend irrender Menschentorheit und Kindlichkeit errichtet haben.*

Tatsächlich steht heute fast in jedem Hof eines buddhistischen Tempels eine Devale, die einer Hindugottheit geweiht ist. Fast alle Singhalesen tragen ein Amulett oder zumindest eine feine Schnur am Handgelenk, um allfällige Verwünschungen abzuwehren. Magisch-religiöse Kulte sind weit verbreitet. Bei Krankheiten werden die Dämonen mit Teufelstänzen und Opfergaben beschwichtigt. Vor allen wichtigen beruflichen und privaten Entscheidungen wird ein Horoskop erstellt, und nicht selten bestimmen buddhistische Mönche den günstigsten Zeitpunkt. Entschuldigt wird das alles damit, daß Buddha die Anbetung von Göttern nie verboten habe.

Betteln ist nicht gleich Betteln, und Trinkgelder sind unentbehrlicher Bestandteil des Lohnes

Eine verhängnisvolle Auswirkung der hohen Arbeitslosigkeit sind Bettler, die sich auf Touristen spezialisiert haben. Wenn man von Kindern mit „Hello Bonbon" begrüßt wird, ist das kein Kosename für rotgebräunte Ausländer, sondern eine Aufforderung analog zu „Hello Schoolpen" oder „Hello ten Rupies". Auf solche Wünsche kann man verschieden reagieren. Ich traf schon Touristen, die ihr Reisegepäck voller billiger Kugelschreiber und Feuer-

zeuge hatten und diese auf der ganzen Reise freudestrahlend verteilten. Derart beschenkte Kinder werden geradezu von der Schule weggelotst. Insbesondere an Strandorten kommt es vor, daß ein Kind mit Betteln mehr verdient als sein Vater mit Arbeiten. Die Folgen liegen auf der Hand.

Anders steht es mit Bettlern, die für ihren Lebensunterhalt offensichtlich nicht selber sorgen können. Körperlich Behinderten oder Obdachlosen geben auch Einheimische ein paar Münzen in den Topf. Das ist Überlebenshilfe in einem Kontinent mit einem sehr rudimentären Sozialsystem.

Das gilt nicht für Personen, die ihren Lebensunterhalt im Tourismussektor im weitesten Sinne verdienen. Mancherorts ist die Variante Gehörlosenschule beliebt: Zwei nette, junge Männer fragen nach dem Woher und Wohin, nach Namen, Alter und Beruf, um schließlich kundzutun, sie selber seien Lehrer an einer Gehörlosenschule. Umständlich werden nun Papiere hervorgekramt, auf denen Stempel aller Art zu sehen sind und, da man so angenehm ins Gespräch gekommen ist, auch ein Heft, in dem schon viele Spender mit Namen und Beträgen – hohen zumeist – verzeichnet sind und noch Platz ist für eine neue Eintragung.

Meine Variante ist dann immer Lachen, und ich habe gute Erfahrungen damit gemacht. Wenn ein Schlepper sagt, das Hotel sei geschlossen, ausgebucht, abgebrannt oder voller Kakerlaken und auch bei Taxi- oder Three-Wheeler-Fahrern, die zuviel verlangen, kommt man nicht weiter, wenn man ungehalten wird. Beim Feilschen kann man allerdings auch zu weit gehen. Unvergessen der Fahrer eines dieser unentbehrlichen, knattrigen Three-Wheelers, der mir in Colombo 100 Rupien für eine Fahrt in ein Restaurant abknöpfen wollte. Ich lachte und wollte schon weitergehen, als er den Preis reduzierte. Schließlich einigten wir uns auf 40 Rupien und ich stieg ein. Es ging die Galle Road hinunter und schon nach kurzer Strecke streckte mein Fahrer den Kopf hinaus, um nach dem Lokal Ausschau zu halten. So nahe war es denn doch nicht! Zuerst hoffnungsvoll, dann flehend und schließlich entrüstet schaute er abwechslungsweise nach draußen, dann zu mir her. Er hatte gar nicht gewußt, wie weit weg das Restaurant lag! Ich gab ihm zerknirscht ein Trinkgeld; ausnützen soll man die Gutgläubigen ja auch wieder nicht.

Trinkgelder gehören fast überall dazu in Sri Lanka und sind unentbehrlicher Bestandteil des Lohnes. Wo die Grenzen zu setzen sind, ob jemand für ein kurzes Koffertragen so viel verdienen soll wie eine Teepflückerin den ganzen Arbeitstag, kann man nur selbst entscheiden. Ein Trinkgeld zu verweigern, wo es am Platz ist, heißt jemandem den Lohn kürzen, einer Familie das Einkommen verringern. Denn wer Arbeit hat, steht mit seinem Verdienst nahen Verwandten bei.

Die Familie redet mit. Dafür werden die Hochzeiten entsprechend aufwendig gefeiert

Die Familie ist wichtig in Sri Lanka. Das merkt jeder, der sich auf ein Gespräch mit Einheimischen einläßt. Schon bald wird man nach seiner Familie gefragt. Statt einigermaßen perplex Auskunft zu geben oder unwirsch zu reagieren, wie wenn der Frager in die Intimsphäre eingedrungen wäre, könnte man einfach umgekehrt fragen – Srilanker sind stolz, wenn sie von ihrer Familie erzählen können.

Die srilankische Familie ist klar strukturiert und die Beziehungen innerhalb der Familie sind genau definiert. Das beginnt schon mit der Anrede. Der ältere Bruder wird anders angesprochen als der jüngere, die ältere Schwester hat eine andere Bezeichnung als die jüngere. Und diese Bezeichnungen werden gebraucht, kaum spricht man sich innerhalb der Familie je mit dem Namen an. Zudem sind die verwandtschaftlichen Bande viel enger geknüpft als in europäischen Familien. Was wir Vetter und Kusine nennen, ist in Sri Lanka fast gleichwertig mit Bruder und Schwester. Die ganze Familie wird als Organismus betrachtet, der einzelne ist nur ein Teil des Ganzen. Folgerichtig bedankt sich innerhalb einer Familie niemand für eine Hilfe oder eine Dienstleistung, wie ja auch niemand sich selber danken würde.

Weil es niemals nur ihn selbst betrifft, fällt der einzelne keine Entscheidungen selber. Die ganze Familie redet mit. Wenn jemand arbeitslos ist, fällt er nicht dem Staat zur Last; die Familie unterstützt ihn. Umgekehrt unterstützt, wer Arbeit hat, immer auch die ganze Familie. Singles gibt es in Sri Lanka kaum.

Besonders offensichtlich wird dieser Familienzusammenhalt bei der Heirat. Die Planung einer Hochzeit ist in Sri Lanka eine langwierige Angelegenheit, wollen doch Horoskope angefertigt, Familienbindungen überprüft und die Mitgift ausgehandelt sein. Zwar ist die Liebesheirat nicht mehr ganz so selten, aber in der überwiegenden Mehrzahl werden Hochzeiten von den Eltern arrangiert. Dabei ist das Dowry, die Mitgift der Braut, ein wesentlicher Faktor, ob eine Heirat zustande kommt. So wechseln denn bei einer Hochzeit Bargeld, Autos, Fernsehgeräte und Videorecorder, ja ganze Häuser den Besitzer.

Weil Hochzeiten so teuer sind und eine lange Planung brauchen, werden sie entsprechend aufwendig gefeiert. Frauen tragen ihre besten Saris. Laute Volksmusik schallt aus den Lautsprechern, ab und zu wird Feuerwerk gezündet. Arrack wird ausgeschenkt, alle plaudern miteinander und sind froh, sich wieder einmal zu sehen – nur Braut und Bräutigam sitzen unbehaglich auf ihren Stühlen. Sie müssen sich erst kennenlernen. Unterstützung dazu erfolgt von allen Seiten. Die ganze weitverzweigte Familie steht hinter der Heirat und unternimmt alles, damit das Paar sich wohlfühlt. Schon die Hochzeit garantiert einen guten Start. Neben dem Dowry, das je nach Vermögensverhältnissen der Familie der Braut und dem sozialen und beruflichen Stand des Bräutigams enorme Summen ausmachen kann, trägt auch jeder Festbesucher sein Scherflein dazu bei, daß die Ehe ohne finanzielle Sorgen beginnt.

Bei den Hindus findet die Eheschließung in einem Tempel statt und ist ein großartiges Zeremoniell. Vor brennenden Öllampen und Schalen voller Bananen, Kokosnüsse und Mangos spielen Tempelmusiker auf. Der Duft von Räucherstäbchen erfüllt den Tempel. Vor dem Altar wartet der weißgekleidete Bräutigam mit einem buntgeschmückten Turban. Alle drehen die Köpfe, wenn die verschleierte Braut zu Beginn der Hochzeitszeremonie den Tempel betritt. Reis und Kokosnußmilch verheißen Fruchtbarkeit und Reichtum. Das Thali, die schwere goldene Halskette der verheirateten Tamilin, wird auf einem Tablett herumgezeigt, bevor der Bräutigam den Schleier lüftet und seiner Frau das teure Stück um den Hals legt. Nun erhält sie auch den roten Punkt auf die Stirn, der sie als verheiratete Frau ausweist.

Die Kaste – Wohlverhalten führt zu einer höheren Geburt im nächsten Leben

Noch wichtiger als das Dowry ist bei Singhalesen und Tamilen die Kaste. Außerhalb der Kaste kann nicht geheiratet werden. Kommt es bei einer Liebesheirat gegen den Willen der Familie doch dazu, wird das Brautpaar fast immer verstoßen.

Das Kastenwesen wurde, wie so vieles in Sri Lanka, aus Indien eingeführt. Ihm liegt die Vorstellung zugrunde, daß das Karma jedem Wesen einen bestimmten Status zuweist. Die Kaste ist also angeboren und kann in diesem Leben nicht geändert werden. Hingegen führt Wohlverhalten zu einer höheren Geburt im nächsten Leben. Wer in einer niederen Kaste geboren wird, hat deshalb nicht mit Mitleid zu rechnen, denn ihm werden ja nur die Sünden aus einem früheren Leben vergolten.

Im Hinduismus gibt es vier Hauptkasten, die sich wiederum in sehr viele Unterkasten gliedern. An oberster Stelle stehen die Brahmanen (Priester), es folgen die Kshatriya (Krieger, Fürsten), die Vaishya (Bauern, Kaufleute) und die Shudra (Arbeiter, Diener). Außerhalb dieses Systems stehen die Kastenlosen, die Unberührbaren, die von Mahatma Gandhi Harijans, Kinder Gottes, genannt wurden. Sie selber nennen sich Dalits, Niedergetrampelte.

Doch das gilt für Indien. Bei den Tamilen Sri Lankas gibt es nur ganz wenige Brahmanen, und diese spielen keine nennenswerte Rolle. Gleich unter ihnen rangieren die Vellalar, die Kaste der landbesitzenden Bauern, die traditionell der untersten Kaste der Shudras zugeordnet wird. Dieser Kaste, die heute über die Hälfte der Bevölkerung ausmacht, gelang unter den Engländern der Aufstieg. Unter ihnen kommen noch die Tattar, Goldschmiede, die Taccar, Handwerker oder die Kariyar, Meeresfischer. Friseure, Toddyzapfer oder Trommler gehören zu den Kastenlosen, die die Tempel nicht betreten dürfen – eine rigorose Diskriminierung in einer Gesellschaft, in der die Religion eine derart dominierende Rolle spielt. Kastenlose dürfen im Prinzip nur unreine Arbeiten verrichten und selbst ihr Schatten kann einen Vellalar verunreinigen.

Insbesondere in Jaffna wurde die Kastenzugehörigkeit bis heute sehr rigoros gehandhabt. Das war einer der Gründe, weshalb sich die Jaffna-Tamilen bei Erlangung der Unabhängigkeit nicht für die Bürgerrechte der tamilischen Plantagenarbeiter einsetzten, die alle niederen Kasten angehörten. Die tamilische Guerilla sprach sich nach ihrer Machtübernahme verschiedentlich gegen das Kastenwesen aus. Ob entgegen aller Tradition in diesem Landesteil wirklich eine egalitäre Gesellschaft entstehen kann, wird sich erst mit der Zeit erweisen.

Obwohl Buddha sich deutlich gegen das Kastensystem aussprach, wurde es von den singhalesischen Buddhisten übernommen und hat bis heute Bestand. Ähnlich wie bei den Tamilen dominieren hier die landbesitzenden Bauern, die Goyigamas. Unter ihnen gibt es 13 weitere Kasten, etwa die Karava, Fischer, die Salagama, Zimtschäler oder die Durava, Palmsaftzapfer. Dabei wird weiter differenziert zwischen Hochland- und Tiefland-Singhalesen, eine Unterscheidung, die aus der Zeit herrührt, da sich in Kandy noch ein eigenständiges Königreich behaupten konnte. Die Politik wird bis heute von wenigen Goyigama-Familien aus Kandy dominiert. Eine Ausnahme war Präsident Ranasinghe Premadasa, der aus einer sehr tiefen Kaste stammte, was jedoch nur hinter vorgehaltener Hand geflüstert wurde. Den meisten einflußreichen Familien galt er von Anfang an als Emporkömmling.

Manche mögen's heiß – Reis und Curry, ein Name für Hunderte von Gerichten

Wenn man mit einem Fahrer morgens losfährt und dauernd von Statuen, Souvenirgeschäften oder Waranen abgelenkt wird, kann es leicht passieren, daß man das Mittagessen vergißt. Auch wenn man es selbst leicht aushält, den Fahrer wird es erzürnen. Wenn Srilanker am Mittag oder am Abend ohne Reis und Curry auskommen müssen, ist ihre Welt nicht in Ordnung.

Reis und Curry – das kann alles heißen. Curry – vom tamilischen Wort Kari, Soße – wird fast jedes Gericht genannt, das Fleisch, Fisch, Eier oder Gemüse enthält und in einer Gewürzmischung gekocht wird. Viele Touristen verspeisen ihr erstes Reis und Curry mit Tränen in den Augen. Das hat nichts mit Rührung zu tun, sondern liegt an der ungewohnten Schärfe. Hot heißt einerseits heiß, andererseits scharf, und schon mancher hat bedauert, daß

er sein Essen „hot" bestellte, weil er es nicht lauwarm haben wollte.

Langsam essen, alles in kleinen Mengen versuchen, heißt also die Devise. Im Notfall hilft nicht Wasser, eher Reis, besser geraspelte Kokosnuß, am allerbesten wartet man einfach ab. Wer so vorgeht, wird sein Rice-and-Curry nach wenigen Tagen nicht mehr missen wollen. Wer Monotonie erwartet, irrt: Reis und Curry ist ein Name für Hunderte von Gerichten. Jede Hausfrau, jeder Koch hat eigene Rezepte, und so wird dieses Nationalgericht in immer neuen Mischungen und Varianten serviert.

Das beginnt schon bei den Gewürzen. Curry ist kein Gewürz, sondern eine Gewürzmischung. Niemand, der etwas auf sich hält, kauft in Sri Lanka eine Fertigmischung. Für jedes Gericht werden spezielle Gewürzmischungen, Currypowder, zusammengestellt. Häufig verwendete Zutaten sind Chili, Kurkuma (Gelbwurz), Fenchelsamen, Kümmelsamen, Senfsamen, Koriander, Ingwer, Kardamom. Diese Bestandteile werden je nach Zubereitungsart geröstet und pulverisiert oder unzerstoßen dazugegeben.

Dazu kommen nun die eigentlichen Curryzutaten: Lammfleisch, Huhn, verschiedene Meer- oder Süßwasserfische, Krebse, Garnelen, Tintenfische, Eier, Pilze oder Dutzende von Gemüsen. In Nuwara Eliya wird reichlich Gemüse angebaut, die dann in Currys Verwendung finden, zum Beispiel Auberginen, Blumenkohl, Bohnen, Tomaten, Kartoffeln, Lauch, Kohl, Rote Beete, Okra, Gurken oder Kürbis. Auch Früchte wie Mangos oder Bananen werden zu Currys verarbeitet.

Die Zutaten und Gewürze werden in Kokosmilch gekocht, häufig unter Beigabe von Zwiebeln. Auf den Tisch kommen die Currygerichte in kleinen Schälchen. Dazu werden Chutneys, Sambol und Papadams serviert, knuspriggebackene Crackers aus Linsen- oder Kichererbsenmehl. Auch Dal, ein gelber, ebenfalls gewürzter Linsenbrei, darf nicht fehlen.

Zum Essen braucht man Fingerspitzengefühl. In Sri Lanka ißt man mit den Fingern. Auf den Tisch kommt eine Schale Wasser, damit man seine rechte Hand waschen kann – die linke ist tabu, weil sie zum Säubern unreiner Körperstellen benutzt wird. Reis von der Mitte des Tellers wird vermischt mit den Currys, die darum herum plaziert sind, und mit den Fingern, die wie ein Löffel gehalten werden, zum Mund geführt. Dabei wird jeder Bissen neu komponiert. Mehr oder weniger Reis reguliert die Schärfe.

Europäern wird zwar immer auch Besteck aufgelegt – oder fast immer. Bei Einladungen ist es mir schon mehrmals passiert, daß kein Besteck bereit lag. Ein Gastgeber behauptete – wohl zu Recht – das Metall des Bestecks im Mund verändere den Geschmack und störe beim Essen. Wer das Essen mit den Fingern schon vorher einmal übt, wird sich über die Tücken dieser Methode wundern und – Übung macht den Meister – bei einer Einladung Sympathiepunkte ernten. Eines ist sicher: Sinnlicher als die europäische Art zu essen ist das allemal. Krönender Abschluß einer leckeren Mahlzeit ist zumeist Curd and

Treacle. Curd, ein sahniger, dicker Joghurt aus Büffelmilch, schmeckt ganz frisch am besten, ein bißchen sauer, leicht rauchig und ist die ideale Nachspeise nach Bergen scharfer Currys. Darüber gibt man Treacle, einen Palmsirup. Die Blüte der Kitul-Palme ergibt einen honigsüßen, dickflüssigen Treacle.

Wattalappam ist ein fester Pudding aus Kokosmilch, Cashewnüssen, Eiern, Vanille, Kardamom, Nelken, Zimt und natürlich Jaggery, Palmzucker. Wattalappam ist dunkelbraun und sollte kleine Luftlöcher aufweisen. Wenn Straßenhändler diese ursprünglich malaiische Süßigkeit anbieten, kann ich nie widerstehen. Auf der Straße gibt es überhaupt viel zu probieren, zum Beispiel Thalaguli, Bällchen aus Sesam und Jaggery, Halape aus Kokosnuß und Jaggery oder Puhul Dosi aus Kürbissen. Daneben gibt es Dutzende von unbekannten Früchten, zum Beispiel Bananen. Wer nämlich meint, Bananen zu kennen, weil er schon unreif geerntete und per Schiff nach Europa transportierte Exemplare genossen hat, wird hier eine neue Frucht kennenlernen. Über 30 Sorten werden angeboten: Von den grünen Ash Plantains, die als Curry gekocht oder als Chips gebraten werden, über große rote Bananen bis zu den kleinen Ambul Kehel, die ganz leicht sauer schmecken. Es gibt noch viel zu kosten: grünrote Mangos, süßsaure Mangostinen, kleine, haarige Rambutans, verdauungsfördernde Papayas oder die Jack-Frucht, die größte Frucht der Welt, die über 40 Kilogramm schwer werden kann. Daneben gibt es Ananas, Avocados, Guaven, Passionsfrüche und Orangen oder Äpfel.

Und natürlich die Durian. Die stachelige Frucht, so sagen die Srilanker, riecht wie die Hölle, aber schmeckt wie der Himmel. Wer den faulig-schwefligen Geruch überwindet, wird ihr bestimmt etwas abgewinnen können. Reif ist diese teuerste aller Früchte im Juli und August. Durians müssen an Ort und Stelle verzehrt werden: Die meisten Fluggesellschaften lehnen einen Transport ab, und wer die Frucht an Bord schmuggelt, wird sich geharnischte Proteste von Mitreisenden einhandeln.

Die Angst, sein Gesicht zu verlieren und ihre Folgen

Wir waren zu dritt nach Kandy unterwegs, zwei einheimische Mitarbeiter eines Hilfswerks und ich. In einem Restaurant, das sie oft besuchten, machten wir Mittagsrast. Der Kellner stellte Wasser auf den Tisch, brachte die Speisekarten und verschwand wieder. Während wir die Karten studierten, merkte ich, wie meine Begleiter unruhig wurden. Als der Besitzer kam, um uns zu begrüßen, wurde leise getuschelt. Zornesrot rief der Gastwirt seinen Kellner, der die Karten kleinlaut wieder einsammelte und neue austeilte. Sie waren mit den vorherigen völlig identisch, bis auf die Preise, die nur noch halb so hoch waren. Der Wirt konnte seinen Angestellten für das Malheur verantwortlich machen und die Sache regeln, ohne sein Gesicht zu verlieren.

Gründe, sein Gesicht zu verlieren, kann es viele geben. Gerüchte, Anschuldigungen, Beleidigungen, aber auch eigene Fehler, die aufgedeckt werden. Wer mit einem Fahrer unterwegs ist, wird häufig mit diesem Problem konfrontiert. Viele Fahrer werden, wenn sie den Weg nicht kennen, die wahrscheinliche Richtung einschlagen anstatt irgendwo zu fragen. Sollen die Fahrgäste denn merken, daß die Fahrer ihr eigenes Land nicht kennen?

Der katholische Priester Mervyn Fernando wurde mit Fragen überhäuft, als er in jungen Jahren nach Rom kam: *Aber zu meiner Bestürzung kannte ich die meisten Antworten auf ihre Fragen nicht: Wie alt kann ein Elefant werden? Wie oft werden die Blätter von einem Teestrauch gepflückt? Warum wird BOP als der beste Tee betrachtet? Wie lange dauert es, bis eine Kokospalme Nüsse trägt? Wieviel Reis produziert Sri Lanka? Was für Vogelarten kommen in Sri Lanka vor und so weiter und so fort. Ich schämte mich über mich selbst. Da war ich, ein vermeintlich sehr gut ausgebildeter Srilanker, sprachlos, nicht in der Lage, die einfachsten Fragen über meine Heimat zu beantworten.*

Die einfachste Lösung, die Unwissenheit zuzugeben, zog er gar nicht in Erwägung: *Die einzige Alternative war, die Antworten zu erraten und große Kenntnisse vorzutäuschen. Später fand ich heraus, daß die meisten meiner Mutmaßungen total falsch gewesen waren.*

Die Angst, das Gesicht zu verlieren, hat verhängnisvolle Folgen. Eine davon ist, daß kaum jemand Entscheidungen fällt – aus Angst, einen Fehler zu machen. Häufig braucht es noch immer drei Stempel von drei Angestellten auf einer Bank, bevor Geld gewechselt werden kann. Wer sein Hotelzimmer wechseln möchte, wird bisweilen vom Angestellten an der Rezeption hingehalten, weil er etwas falsches anordnen könnte. Wer etwas kaufen will, was nicht vorrätig ist, wird zuerst auf morgen, dann auf übermorgen vertröstet, nur damit niemand zu sagen braucht, daß der Artikel gar nicht mehr vorhanden ist. Wer jemand in aller Öffentlichkeit einen Fehler nachweist, muß mit dem ewigen Zorn des Angeschuldigten rechnen.

Am 29. Juli 1987 kam der indische Präsident Rajiv Gandhi nach Colombo, um den Friedensvertrag zwischen Indien und Sri Lanka zu unterzeichnen, der den ethnischen Konflikt auf Sri Lanka beenden sollte – für viele Singhalesen der Anfang einer indischen Invasion. Als Gandhi die Ehrengarde abschritt, schlug ihm ein Soldat den Gewehrkolben auf den Kopf. Während Gandhi dank seiner raschen Reaktion unverletzt blieb, war dem srilankischen Präsidenten Jayewardene die Affäre höchst peinlich. Und was sagte er der Presse? Der Soldat sei ohnmächtig geworden und gestürzt ...

Wenn man in Kleinstädten durch die Straßen geht, stößt man irgendwann auf Schaufenster, in denen neben Pülverchen und Tabletten auch Zweige, Rinden, getrocknete Blätter oder Wurzeln zu sehen sind. Aus der Ladentür riecht es würzig und ein bißchen nach Apotheke. In der Tat sind es in erster Linie pflanzliche Wirkstoffe und mineralische Bestandteile, die in der ayurvedischen Medizin Verwendung finden.

Ayurveda heißt die traditionelle Heilkunde in Sri Lanka und Indien. Der Begriff steht für ein allumfassendes Wissen vom gesunden Leben, denn das Wort setzt sich aus Ayus, Leben und Veda, Wissen zusammen. Diese über 2 000 Jahre alte Wissenschaft verfolgt zwei Ziele: Die Gesundheit des Gesunden zu erhalten und den Kranken zu heilen. Ayurveda will dem Menschen zu einer besseren Lebensqualität und einem langen Leben verhelfen. Krankheiten werden nie isoliert betrachtet, sondern gelten stets als Ausdruck einer gestörten Harmonie. Letztlich ist Ayurveda also eine philosophische Lehre.

Gemäß der ayurvedischen Theorie entstehen Krankheiten, wenn die drei Doshas, die grundlegenden Bioenergien, aus dem Gleichgewicht geraten. Diese drei Doshas steuern alle physischen und geistigen Prozesse des Körpers. Allerdings sieht das Gleichgewicht bei jedem Menschen verschieden aus. Erst vor dem Hintergrund des konstitutionellen Typus kann bei einer Störung ein individuell eingerichteter Behandlungsplan erstellt werden. Ziel der Behandlung ist demzufolge nicht einfach die Beseitigung der Symptome.

Ein erfahrener Arzt kann schon aufgrund einer differenzierten Pulsdiagnose die relative Stärke der drei Doshas recht genau bestimmen. Um sicherzugehen, stellt er gezielt Fragen und untersucht Augen, Nase, Zunge, Haut, Haare, Geruch der Haut, Farbe der Haut und die Herzschläge. Erst dann verschreibt er eine bestimmte Diät und je nach Bedarf Massagen und ayurvedische Medikamente. Über 10 000 ayurvedische Ärzte gibt es in Sri Lanka. Die Volksmedizin erfreut sich anhaltender Beliebtheit, und ihre Erfolge haben in den letzten Jahren große Pharmakonzerne veranlaßt, einzelne Wirkstoffe untersuchen und zum Teil sogar in ihr Programm aufnehmen zu lassen.

Das bedeutet nicht, daß die westliche Medizin in Sri Lanka nicht bekannt wäre. Im Gegenteil: Das relativ gut ausgebaute Gesundheitswesen läßt einfach beide medizinischen Lehren zu. Wer krank wird, entscheidet, ob er sich ayurvedisch oder westlich behandeln lassen will. Dieses Nebeneinander von Tradition und Moderne fällt überall in Sri Lanka auf. Gleich hinter kümmerlichen Verkaufsständen ragen modernste Einkaufszentren in die Höhe, neben Straßen, auf denen noch Büffelkarren verkehren, kann man aus einer Telefonzelle direkt nach Europa telefonieren, in unmittelbarer Nähe modernster Villen leben Familien in Hütten aus Lehm und Zweigen.

D as Badezimmer am Fluß – Baden als fröhliches Ereignis

Wenn es Abend wird, beginnt das Konzert der Frösche. In Sümpfen und Teichen, an Bächen und Reisfeldern leben Tausende von Kröten und Fröschen, die jeden Abend ein ohrenbetäubendes Spektakel veranstalten.

Wer um diese Zeit noch unterwegs ist, wird an Kanälen und Flüssen immer ganze Gruppen von Männern und Frauen beobachten. Bis zum Bauch im Wasser, schäumen sie sich den Kopf mit Seife ein, Frauen waschen und kämmen ihre langen Haare, Kinder planschen. Immer mehr Leute kommen, tauchen erst unter und beginnen sich dann sorgfältig zu reinigen. Ihre Wickelkleider kleben am Körper und werden gleich mitgewaschen.

Daneben werden die Tageskleider eingeweicht, eingeseift, auf großen Steinen geknetet, gerubbelt und ausgiebig gespült. Ausgewrungen liegen die bunten Tücher am Ufer zum Trocknen. Auf dem Land sind Badezimmer fast unbekannt. Zum Waschen trifft man sich abends in Gruppen, plaudert, lacht. Körperreinigung ist ein fröhliches, geselliges Ereignis.

Die Dämmerung ist von kurzer Dauer. Bevor man sie recht wahrgenommen hat, herrscht schwarze Nacht. Die Hitze läßt nun etwas nach. Nur noch wenige Autos sind auf den Straßen. In den Dörfern im Landesinnern wird es bald ruhig, die meisten Leute legen sich früh schlafen. Am Meer freut man sich über eine laue Brise und die Geckos, kleine Echsen mit Haftfüßen, die nun an Wänden und Decken den Mücken auflauern. Krebse krabbeln über den Strand. Auf Palmen und Hausdächern hocken die grauschwarzen Krähenvögel. Bis zum Sonnenaufgang bleiben sie ruhig.

I hr Alter ist schwer zu schätzen. Sonne und harter Alltag haben ihr Gesicht geprägt. Sie kommt aus dem Tempel. Sie hat das Zeichen vom Priester auf der Stirn. Ungewiß ist ihr Alltag. Sie ist Tamilin und lebt als Hindu in Jaffna.

E
s ist Nacht geworden in Kataragama. Die wirbelnden Umzüge sind für diesen Tag vorbei. Man legt sich wie andere Pilger auf den Boden offener Pilgerhallen, die vor Regen und vor der Sonne schützen.

D er Tag hat gerade begonnen in Katara-gama. Noch ruht der Pilger, erholt sich von den Strapa-zen der Umzüge. Vor ihm liegen Blüten, die er den Gottheiten zu opfern gedenkt.

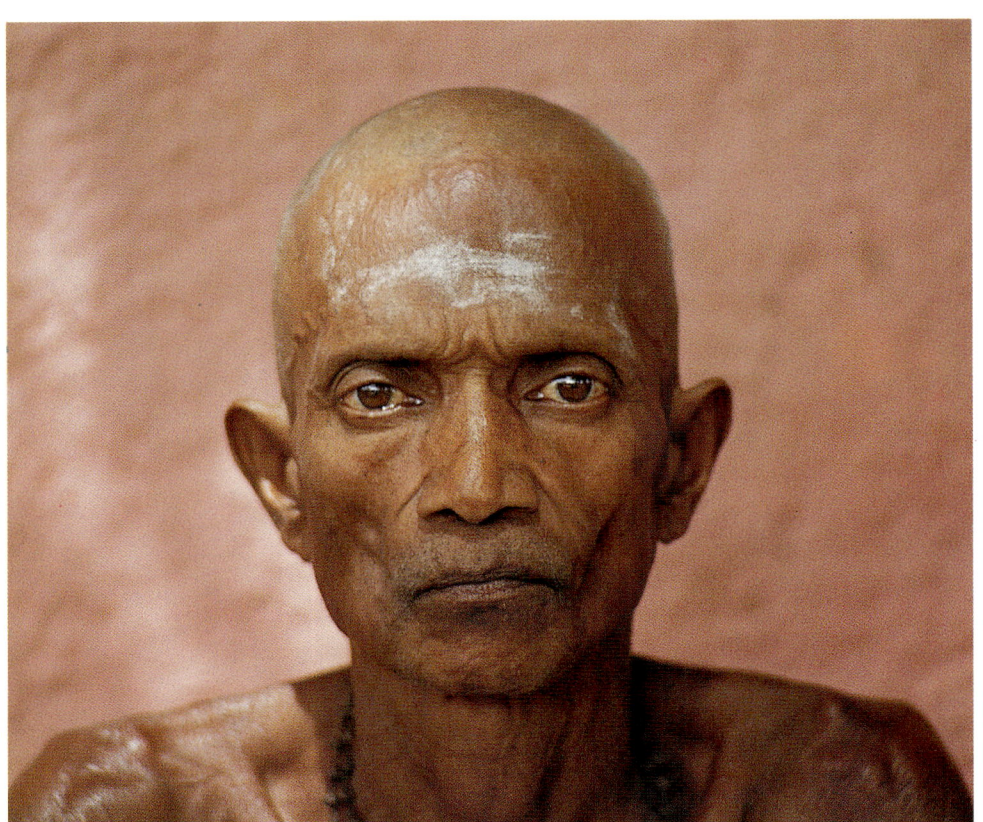

Aufregende, oft grelle Farben begleiten das religiöse Leben der Hindus. In diesem Umfeld wirken die charaktervollen Köpfe besonders intensiv. Sie sind bemalt mit religiösen Symbolen.

E ntrückt sitzt er am
Rande des wilden
Treibens von Katara-
gama, versunken über seinen
Schriften. Er strahlt Ruhe und
Würde aus.

Mit heiliger Asche bestäubt bewegt er sich in Trance, belächelt von den einen und verehrt von den anderen Besuchern Kataragamas.

Im Vorraum des Hindutempels von Jaffna sitzt ein Bettler. Er wartet auf milde Gaben, ohne zu fordern. Er besitzt kaum etwas. Wer kann, wird ihm geben.

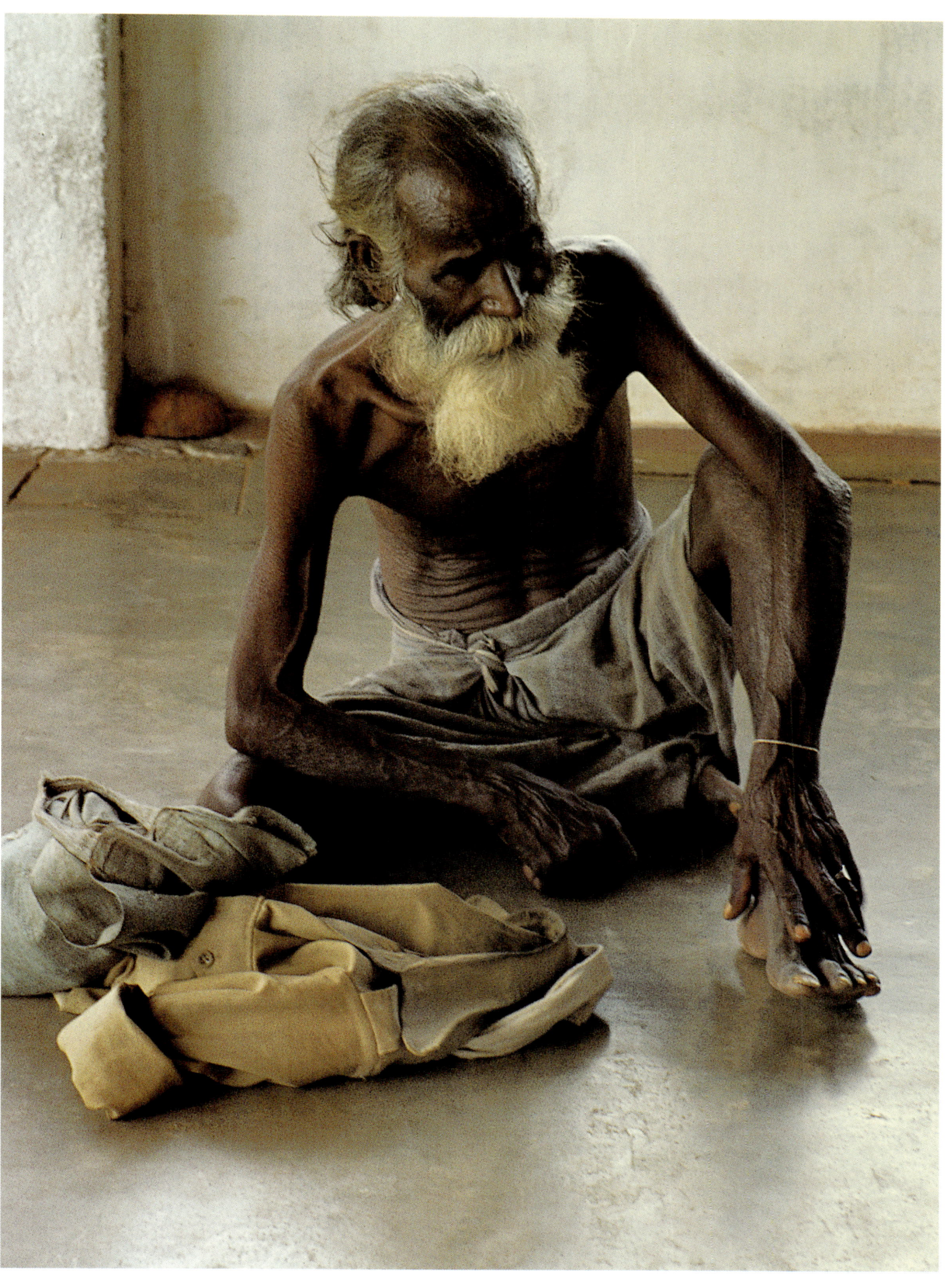

Fischer aus Batticaloa geben einem Verstorbenen die letzte Ehre. Er wird auf einem großen Scheiterhaufen verbrannt. Man verläßt den Ort der Verbrennung schnell, wenn die Flammen lodern.

Der Gott Garnesha hat sich im Wurzelwerk eines Baumriesen breitgemacht. Ihn trifft man häufig an markanten Bäumen. Gerne opfert man ihm ein paar Blüten und Öllichter.

Im Kandaswamy Tempel
von Jaffna zündet der
Priester die Öllampen an.
Seine Zeremonien erstrecken sich
über den ganzen Tag. Er zelebriert
im abgedunkelten heiligen Bereich.

Priester im großen
Hindutempel von
Trincomalee am Swami
Rock: Sein Gesicht ist gekenn-
zeichnet mit heiligen Symbolen.
Sein Tempel soll früher einmal von
über 1000 Säulen getragen worden
sein, bevor er von den Portugiesen
zerstört wurde. Heute hat er
wieder Angst vor Zerstörung.

D ie kleine Kapelle steht in der Festung von Jaffna. Das Christentum hat sich auf Sri Lanka erhalten. An der Westküste gibt es noch viele Gemeinden.

G alle ist mehrheitlich von Moslems be- wohnt. Die alte Hafenstadt war Anlaufstelle für Schiffe aus aller Welt. So brachten Araber ihre Religion ins Land. Die alte Kolonialkirche wurde in eine Moschee umfunktioniert.

Verschiedene Religionen haben auf Sri Lanka zuweilen ähnliche Riten. So durchbohren sich islamische Priester wie Hindufakire rituell mit Messern und Speeren. Die Versammlung ist der Anfang einer solchen Zeremonie.

Das Interesse auch an anderen Religionen und die gegenseitige Toleranz im freundlichen Miteinander schienen unerschöpflich. Um so bestürzender ist der Gewaltausbruch der letzten Jahre.

Auch der islamische Halbmond ist bei den religiösen Festivitäten Sri Lankas präsent. Die Religionen feiern, wie in Kataragama, wo Moslems auf Hindus und Buddhisten treffen, oft zusammen.

Pilger, Poyas, Prozessionen – Ein Jahr voller Festtage

Es ist kurz nach Mitternacht, als ein wilder Eber aus dem Scheinwerferkegel flüchtet. Der alte englische Morris quält sich weiter durch die kurvige Straße. Teesträucher säumen den Straßenrand. Von den zahlreichen Teefabriken ist in der Dunkelheit nichts zu sehen.

Nach einer halben Stunde ist Maskeliya erreicht. Nun sind es noch wenige Kilometer zur Dalhousie-Teeplantage. Was aus der Ferne wie eine glitzernde Perlenkette aussah, wird aus der Nähe zu Lampen, die den Pfad auf den Berggipfel beleuchten. Immer mehr Pilger sind auf der Straße unterwegs.

In Dalhousie scheint trotz tiefer Nacht alles auf den Beinen zu sein. Zahlreiche Busse stehen auf dem großen Parkplatz, Straßenhändler werben um Aufmerksamkeit. Ein stark gesüßter Tee weckt die Lebensgeister, dann wird es Zeit für den Abmarsch. Es gilt, den Gipfel vor Sonnenaufgang zu erreichen!

Der Adam's Peak ist zwar nicht Sri Lankas höchster, aber bestimmt eindrücklichster Berg. Die markante dreieckige Bergspitze verführt von jeher dazu, den 2 243 Meter hohen Gipfel zu überschätzen. Schon Marco Polo hatte bei seiner Beschreibung der Insel allein den Adam's Peak erwähnt: *Seilan ist, wie ich schon früher gesagt habe, eine große Insel. Ein Berg erhebt sich dort, der tatsächlich so steil ist, daß niemand hinaufgelangen kann, es sei denn nach folgender Weise: an den Felswänden hängen in bestimmten Abständen Eisenketten, dank ihnen ist es möglich, den Berg zu erklimmen. Man sagt, auf dem Gipfel sei das Denkmal Adams, unseres Urvaters.*

Der Franzose Sonnerat bezeichnete den Adam's Peak noch 1782 kühn als den höchsten Berg Asiens, und auch der Brite James Cordiner hielt ihn 1807 in seiner „Description of Ceylon" für den höchsten Berg der Insel. Doch dieser Ruhm kommt dem 2 524 Meter hohen Pidurutalagala zu. Der Adam's Peak ist lediglich der vierthöchste Berg der Insel. Im Gegensatz zu den höheren drei gilt er jedoch als heilig, und zwar nicht seiner Form, sondern einer etwa 160 Zentimeter langen und 75 Zentimeter breiten Vertiefung auf dem Gipfel wegen, die als Fußabdruck interpretiert wird.

Am Adam's Peak treffen die vielen Volksgruppen Sri Lankas zusammen

Die Fußspur soll bereits vor unserer Zeitrechnung von König Vattagamani Abhaya entdeckt worden sein, ihre Verehrung reicht vermutlich in die vorbuddhistische Zeit zurück. Früher hieß der Berg Samanala Kanda, Samans Berg. Saman wurde als Begründer der Menschheit und Richter der Toten verehrt.

Die buddhistischen Bewohner Sri Lankas glauben, Buddha habe den Abdruck bei einem seiner Besuche auf der Insel hinterlassen. So hat der Berg den singhalesischen

Namen Sri Pada – der heilige Fuß. Der echte Abdruck soll sich – in Edelsteine gefaßt – unter dem sichtbaren Fußbett befinden. Die Länge erklären die Gläubigen mit der gewaltigen Körpergröße des Erleuchteten, der hier nur einen Fuß aufgesetzt haben soll – den zweiten in Anuradhapura.

Das ist nur eine der vielen Legenden, die sich um diesen Gipfel ranken. Denn nicht nur Buddhisten, sondern Angehörige aller vier Hauptreligionen Sri Lankas verehren diesen Abdruck. Hindus betrachten ihn als einen Shivas und nennen den Berg deshalb Shivan Adipatham – Schöpfungstanz von Shiva. Die Christen glauben, er stamme vom heiligen Thomas, der als Apostel in Südindien gepredigt haben soll. Moslems schließlich gehen davon aus, daß Adam nach der Vertreibung aus dem Garten Eden hier erstmals wieder Erde betrat und tausend Jahre den Verlust des Paradieses beweinte. Eine andere Legende sagt, daß Gott Adam und Eva nach der Vertreibung aus dem Garten Eden aus Mitleid hier leben ließ, da Sri Lanka dem Paradies auf Erden am nächsten kam. Allerdings habe Adam zur Strafe auf einem Bein stehen müssen.

Kein Wunder, daß die Zeugnisse über den Berg bis ins 9. Jahrhundert zurückreichen. Der arabische Reisende Ibn Battuta besuchte die Insel 1340 und erwähnte den Fußabdruck. Schon damals war er das Ziel beschwerlicher Pilgerreisen. Heute ist der Gipfel über zwei Fußwege bedeutend leichter zu erreichen als noch zu Zeiten Marco Polos. Der längere und steilere beginnt auf 300 Meter Höhe in der Kautschukplantage von Carney bei Ratnapura, also im Südwesten der Insel. Er führt auf über 6 000 Stufen zum Gipfel und dauert sechs bis acht Stunden. Wer nicht allzu viel gesündigt hat, zieht den Pfad vom Landesinnern her vor. Er ist häufiger begangen und deshalb auch für Touristen interessanter. Für die etwa 4 000 Stufen benötigt man zwei bis drei Stunden.

Die Nacht ist angenehm kühl, würzige Gerüche streichen durch die Luft. Ein liegender Buddha und ein blumenbekränzter Ganesh – der Elefantengott der Hindus – weisen den Weg. Der Aufstieg beginnt sanft bis zur japanisch-srilankischen Freundschafts-Dagoba. Auf dieser kleinen Ebene beginnt die Treppe, die zumeist direkt in den massiven Stein gehauen und wegen der ungleichen Höhe der Stufen recht schweißtreibend ist. Bald ist man dankbar für die zahlreichen Teebuden, an denen man rasten und sich verpflegen kann. Unter verrußten Öllampen verkaufen verschlafene Händler in Sarong und Hemd heißen Tee, Biskuits und Früchte. Mit gewonnener Höhe nehmen auch die Preise zu. Kostet eine Cola bereits unten fünfzehn Rupien, sind es auf halbem Weg schon zwanzig.

Unterwegs herrscht ein emsiges Treiben. Singend und Gebete murmelnd ziehen die Pilger nach oben. Es sind vorwiegend Singhalesen, aber auch Tamilen, Mauren und Burgher. Am Adam's Peak treffen die vielen Volksgruppen Sri Lankas zusammen.

Auf den vielen Pilgerrastplätzen duften Räucherstäbchen vor Bildnissen Buddhas. Daneben erholen sich erschöpfte Singhalesen von den Strapazen. Andere haben wohl am frühen Abend schon einen Teil des Wegs zurückgelegt und schlafen eingewickelt in ihre wenigen Kleider.

Je höher man kommt, desto kälter wird es. Die Nachtluft ist unerwartet feucht, Wolkenfetzen verklären das Licht der Straßenlaternen am Wegrand. Das Gebimmel der Gipfelglocke ist immer deutlicher zu hören. Der Weg wird steiler, die Stufen höher. Keuchend erholen sich die Pilger auf der Treppe. Nach einer letzten Wegbiegung endlich in der Höhe eine große Pforte, die den Weg zum Gipfel freigibt.

Dort gilt es, trotz eisiger Kälte, die Schuhe auszuziehen, wenn man das Tempelareal betreten will. Einmal für jede Wallfahrt darf man eine Glocke anschlagen. Aber Halt! Die aktuelle Reise zählt noch nicht mit, denn die ist erst beendet, wenn man wieder zu Hause ist. Staunend nimmt man zur Kenntnis, wie oft andere diesen Weg schon gegangen sein müssen: Die Glocke bimmelt jedenfalls ununterbrochen.

Von allen vier Hauptreligionen verehrt – die Fußspur auf dem Adam's Peak

Für Europäer ist der Fußabdruck eine Enttäuschung: eine kaum sichtbare Vertiefung im Fels, die zudem nur mit viel Vorstellungskraft einem Fußabdruck gleicht. Doch um ein möglichst reales Abbild geht es den Pilgern offenbar nicht. Ehrfürchtig legen sie ihre Opfergaben nieder und erwarten dann, barfuß, aber eingemummt in Tücher und Decken, den Tagesanbruch. Temperaturen um den Gefrierpunkt sind vor Sonnenaufgang auf dem Gipfel durchaus möglich. Dutzende ziehen sich in geschützte Unterstände zurück, bis das erste Morgenrot zu sehen ist. Der Sonnenaufgang ist ein unvergeßliches, fast unwirkliches Schauspiel. Sind die Gipfelstürmer nachts zum Teil noch laut und ausgelassen, wird es mit der Dämmerung ruhiger. Gebannt blickt jedermann nach Osten: Die Morgenröte verleiht der Landschaft mit den zahllosen Teeplantagen einen leisen Farbton. In der Ferne glitzern einige Süßwasserseen. Unvermittelt bricht der neue Tag an, und sofort werden die ersten Sonnenstrahlen mit einem jubelnden „Sadhu, Sadhu, Sah" begrüßt. Hindu-Priester stellen nun gekochten Reis auf den Fels, und eine Prozession psalmodierender Mönche zieht durch den Tempelbezirk.

Schnell ist die wohltuende Wärme der Sonne zu spüren. Auf der anderen Seite des Gipfels ist ein weiteres Schauspiel zu beobachten: Gegen Westen wirft der Adam's Peak seinen kegelförmigen Schatten auf die Ebene und den Nebel im Tal. Zuerst ein langer Spitz, wird das Dreieck mit dem Sonnenanstieg immer kürzer. Bei klarem Wetter kann man bis zur Küste sehen und sogar die Hauptstadt Colombo erkennen.

Dann wird es Zeit, sich für den Abstieg zu rüsten. Rasch wird es heiß. Auf den häufig nassen und rutschigen Stufen ist man über festes Schuhwerk froh. Wer die Nähe zum Paradies auf dem Gipfel zu lange genießt, wird seinen Ausgangspunkt schweißgebadet erreichen. Zudem warten die Busse auf die Pilgerscharen. Trotz der Eile nehmen viele noch ein reinigendes Bad im Bach vor Dalhousie, bevor sie müde, aber stolz die Rückreise antreten. Sie alle haben den Fußabdruck gesehen, ein Heiligtum, das nur betrachtet und verehrt, aber nicht fotografiert werden darf. Den Muskelkater – Preis für dieses unvergleichliche Erlebnis – spürt man zum Glück erst am nächsten Tag!

I m Feiern der Feste wird Sri Lanka seinen Religionen gerecht. Sogar das neue Jahr wird zweimal begrüßt

Das alles nimmt gern in Kauf, wer dafür sein Karma verbessern kann. Deshalb gehört die Pilgerreise, wie so viele andere Feste, zum Jahresablauf. Es gibt wohl kein anderes Land, in dem so oft und ausgiebig gefeiert wird wie in Sri Lanka. Die meisten Feiertage sind vom Mondkalender abhängig, so auch die Prozessionen auf den Adam's Peak. Die erste findet bei Vollmond im Dezember statt, die letzte an Neujahr. Das sind nicht bloß ein paar Tage, denn Singhalesen und Tamilen feiern Neujahr am 13. oder 14. April. Im ausklingenden Jahr werden noch alle Häuser gereinigt, alle Feuer gelöscht. Die Stunde, da es zu Ende geht, wird von Astrologen festgelegt, und es muß keineswegs Mitternacht sein. Noch erstaunlicher, daß das neue Jahr nicht unmittelbar an das alte anschließt – gut möglich, daß da noch ein paar Stunden dazwischen liegen. Diese Zeitspanne, die Nona Gathe, verstreicht ungenutzt, alle Tätigkeit ruht. Mit dem Beginn des neuen Jahres werden neue Kleider angezogen und die Feuer frisch angezündet. Etwas später, der Zeitpunkt wird wieder von Astrologen bestimmt, erfolgt die Salbungszeremonie. Das Familienoberhaupt segnet die Mitglieder seiner Familie mit einem geheiligten Kräuteröl, indem es ihnen einen kleinen Ölfleck auf den Kopf reibt.

Diese aufwendigen Feierlichkeiten bedeuten keineswegs, daß nicht auch der Jahreswechsel nach dem christlichen Kalender gefeiert würde. Im Gegenteil: Ende Dezember haben die Verkäufer von Feuerwerkskörpern Hochkonjunktur, und am 31. Dezember um Mitternacht wird das neue Jahr mit einer aufwendigen Knallerei begrüßt. Wer dann unterwegs ist, wird von jedermann mit einem fröhlichen „Happy New Year" beglückwünscht.

Überhaupt wird das Land zumindest an den Festtagen seinen verschiedenen Religionsgemeinschaften gerecht. Am Sonntag sind selbstverständlich alle Banken und Ämter geschlossen, aber auch Vollmondtage werden als buddhistische Feiertage geheiligt. Poya heißt dieser wichtige Tag des Monats, und irgendwo im Land findet wohl an jedem Vollmond ein Umzug – eine Perahera – statt. Das beginnt im Januar mit der Duruthu-Perahera in Kelaniya, die sich in den letzten Jahren zu einem Umzug gewaltigen Ausmaßes entwickelt hat. Auch die Hindus feiern ein großes Fest im Januar, das sogenannte Thai Pongal, ein Erntedankfest, an dem in neuen Gefäßen ein spezieller Milchreis gekocht wird. Ungefähr einen Monat später steuern dann die Moslems ihren Teil zum Festkalender bei. Sie feiern zu Milad-un-Nabi die Geburt des Propheten Mohammed mit Gebeten in der Moschee und einem Festessen in der Familie.

Buddhistische, hinduistische, moslemische und christliche Feiertage bewirken, daß das Jahr wie eine einzige Folge von Festen erscheint. Jeder Besucher wird – auch wenn er nur kurz auf der Insel weilt – irgendwann und irgendwo eines der vielen Feste erleben können: die Wesak-Poya im Mai, Poson-Poya im Juni oder das große Lichterfest Deepavali der Hindus im Oktober oder November. Die meisten Feste finden im Mondmonat Esala statt, der von Mitte Juli bis Mitte August dauert, wenn die Esala-Bäume blühen. In Kandy findet dann die Esala Perahera statt, und zumeist zur selben Zeit gerät ganz im Süden der Insel ein Dorf aus den Fugen: Kataragama, der wichtigste Pilgerort Sri Lankas.

K ataragama, der sechsgesichtige Gott mit den vielen Namen

War Kataragama noch vor wenigen Jahren ein Ort, der für ganze vierzehn Tage aus seinem Dornröschenschlaf aufwachte, um während der Esala Perahera mit Lärm, Gedränge und Prozessionen die Ereignislosigkeit der ruhigen Zeit mehr als wettzumachen, trifft man heute auf eine geschäftige Kleinstadt. Früher war diese Kultstätte im Dschungel verborgen. Wer nach Kataragama wollte, mußte eine lange, beschwerliche und ebenso gefährliche Fußreise auf sich nehmen. Da das Heiligtum von Kataragama, wenn auch nicht in der heutigen Form, schon bestand, bevor der Buddhismus in Sri Lanka Fuß faßte, verliert sich der Ursprung dieser Stätte in unzähligen Legenden.

Kompliziert wird die Erklärung schon beim Namen: Kataragama wird heute als Synonym für den hinduistischen Kriegsgott Skanda, Sohn von Shiva und Parvati, betrachtet. Skanda hat aber noch weitere Namen, Murugan etwa, was Jugend, Zartheit, Schönheit bedeutet und deshalb für westliche Ohren eine seltsame Bezeichnung für einen Kriegsgott darstellt. Subramaniam ist eine andere Bezeichnung für Kataragama, oder Kartikeya, Kathiresan, Sanmugam – der mit den sechs Gesichtern – oder Agnibu, der Feuergeborene.

Zahllose Mythen versuchen, die Besonderheit dieser Stätte zu erklären. Die vielleicht schönste erzählt von einem Wedda-Häuptling, der mitten im Dschungel ein kleines Mädchen fand. Er nahm es in seine Höhle und nannte es Valli-amma. Ein Götterbote, der auf dem Weg durch die drei Welten auch nach Kataragama kam, war von seiner Anmut entzückt und erzählte Skanda davon. Dieser machte sich umgehend auf den Weg und bat in der Gestalt eines Bettlers bei dem Wedda um Speise. Valli-amma gab ihm Yamswurzeln mit Honig und führte ihn zum Trinken an den nahen Fluß. Dort gestand Skanda ihr seine Liebe.

Das Mädchen lehnte natürlich entrüstet ab, womit Skanda gerechnet hatte. In diesem Moment brach ein Elefant aus dem Dschungel hervor, was Skanda Gelegenheit gab, das erschreckte Mädchen heldenhaft zu retten und so ihr Herz zu gewinnen. Die Weddas, die das vermißte Mädchen unterdessen gesucht hatten, fanden die beiden und wollten den Verführer umbringen. Gegen Skanda mit seinem Speer kamen sie jedoch nicht an. Der Gott tötete so viele Weddas, daß ihn das Mädchen aufgebracht verlassen wollte. Erst als Skanda alle getöteten Weddas ins Leben zurückrief, wurde der Friede wiederhergestellt, und das Paar ließ sich auf einem nahen Berg nieder.

Für einen der Beteiligten allerdings ging die Geschichte ohne Happy-End aus. Skandas Bruder war in einen Elefanten verwandelt worden, damit er das Mädchen im entscheidenden Moment erschreckte, und mit einem Zaubertrank sollte er wieder zurückverwandelt werden. Doch der ungeschickte Skanda verschüttete den Trank und sein Bruder blieb halb Mensch, halb Elefant. Das allerdings ist schon wieder eine von zahlreichen anderen Legenden, die erklären sollen, wie der Elefantengott Ganesh zu seiner seltsamen Gestalt kam.

Auch Singhalesen kennen viele Geschichten zu Kataragama. Buddha soll bei seinem dritten Besuch auf der Insel Lanka in Kataragama meditiert haben. Eine Legende erzählt, Devanampiya Tissa habe hier 246 v. Chr. einen Ableger des heiligen Bo-Baumes von Anuradhapura eingepflanzt. Später habe dann der Kriegsgott Skanda König Duttha Gamani geraten, seine Armee den Blicken der tamilischen Feinde zu entziehen, indem er sie im Schatten einer schwarzen Wolke unsichtbar machte. Nach seinem Sieg über den Tamilenkönig Elara habe der König Gott Skanda in Kataragama einen Tempel errichtet. Sagt diese Erzählung bereits etwas über die latente Rivalität zwischen Tamilen und Singhalesen aus, wird eine andere noch deutlicher. So soll Skanda bei einem Besuch auf der Erde bei Tamilen ohne Erfolg um Obdach gebeten haben. Als er darauf bei Singhalesen anklopfte, wurde er gastfreundlich aufgenommen. Als Strafe sollten die Tamilen fürderhin einmal im Jahr Buße tun – in Kataragama natürlich.

Selbst die Moslems haben ihre Legenden zu Kataragama, die allerdings jüngeren Datums sind. So soll sich hier Hoyathu, ein moslemischer Heiliger aus dem Norden Indiens, niedergelassen haben. Aus seiner Hütte ging die heutige Moschee hervor. Ein anderer heiliger Moslem names Kamria Nabi soll in der Nähe der Moschee eine Quelle entdeckt haben, deren Wasser Unsterblichkeit verleiht.

Dutzende von Pilgern nehmen im heiligen Fluß rituelle Waschungen vor, bevor sie den Tempelbezirk von Kataragama betreten

Heute wird die heilige Stätte von Angehörigen aller Religionen auf Sri Lanka besucht. Erst seit wenigen Jahren werden Pilgerreisen das ganze Jahr über gemacht. Hofft ein frischgebackenes Ehepaar auf zahlreiche Nachkommen, mag ein glücklicher Autobesitzer auf seiner Jungfernfahrt darum bitten, vor Unfällen verschont zu bleiben. Viele Pilger legen ein Gelübde ab für den Fall, daß ein lang gehegter Wunsch in Erfüllung geht, und wieder andere kommen, um den Zorn des Kriegsgottes zu besänftigen.

Seit die Pilgerscharen zunehmen, sind mehr und mehr Hotels und Herbergen gebaut worden. Vor dem Tempelgelände werben Dutzende von kleinen Geschäften und Ständen um die Aufmerksamkeit der Besucher. Knallbunte Bonbons, Glasschmuck, Flöten, Trommeln, Schellen, aber auch Kinderspielzeug wie spritzende Fotoapparatimitationen, Puppen, Waffen, Plastikspielzeug aller Art und insbesondere vorbereitete Opferschalen mit Früchten, Blumen und Räucherstäbchen werden angeboten. Gleich daneben sind frisch zubereitete Hopper und Rotis zu kaufen.

Der heilige Tempelbezirk liegt auf der andern Seite des Menik Ganga, des Edelsteinflusses. Vor Sonnenuntergang nehmen Dutzende von Pilgern im heiligen Fluß rituelle Waschungen vor, bevor sie den Tempelbezirk betreten. Andere bereiten sich tanzend auf die Puja vor, die Gebetszeremonie, die jeden Tag dreimal stattfindet. Einige der Tänzer tragen ein Kavady auf dem Rücken, ein viele Kilogramm schweres bogenförmiges Gerüst, an dem bisweilen zwei Töpfchen mit Milch und Zucker hängen. Einige dieser hölzernen Gestelle, die für rituelle Tänze verwendet werden, sind mit farbigem Papier oder mit Pfauenfedern verziert; der Pfau ist das Reittier von Skanda und gilt deshalb als Symbol des Gottes selbst. Das Kavady steht für einen Teil des Götterberges Kailasa im südlichen Tibet. Dieser begrenzt die hinduistische Welt im Norden, Kataragama gilt als südlichster Punkt. Das wurde vor Tausenden von Jahren so festgelegt. Heute weiß man, daß Kailasa und Kataragama – wohl nicht ganz zufällig – auf ein- und demselben Meridian liegen.

Ist die Brücke über den heiligen Fluß überquert, breitet sich sofort eine magische Stimmung aus. Ganze Familien sind mit Opferschalen ehrfurchtsvoll unterwegs zum Kataragama-Tempel. Beim Eintritt in das umzäunte Tempelareal trifft man zuerst auf einen gepflasterten Opferplatz. Dort legt ein bärtiger Gläubiger murmelnd ein Gelübde ab. In den Händen hält er eine Kokosnuß, darauf brennt ein Stück Kampfer. Als die Flamme erloschen ist, schmettert er die Kokosnuß zu Boden. Er hat Glück: Kokosmilch spritzt in alle Richtungen. Wäre die Schale nicht zerbrochen, hätte der Gott das Opfer nicht akzeptiert – ein übles Omen für die Zukunft!

Im Innern der Maha Devale, kein großer Tempel, wie der Name sagt, sondern ein eher unscheinbares Gebäude, finden bereits die Vorbereitungen für die Puja statt. Immer mehr Gläubige – in der überwiegenden Mehrheit Buddhisten – versammeln sich zur abendlichen Gebetszeremonie, die nach Einbruch der Dunkelheit beginnt. Rasch ist der Tempel voll. Unzählige müssen draußen warten, und noch immer strömen Scharen von Gläubigen herbei.

Im Tempel ist der Eingang zum Sanktum durch Vorhänge verhüllt, die den sechsgesichtigen Kataragama auf einem Pfau neben seinen beiden Frauen abbilden. Hinter den schweren Behängen befindet sich im heiligsten Raum des Tempels die Reliquie, die außer den beiden Priestern noch niemand gesehen hat. Dieses Yantra wird bisweilen als Stoffstück, dann wieder als Goldblech beschrieben, das die Form eines sechszackigen Sterns haben soll, das Symbol des sechsgesichtigen Skandas. In der Mitte des Sterns, so heißt es, steht die Silbe „om", eine Kurzform für die Natur des Gottes.

Sobald der Priester durch den Vorhang tritt, kündigt ein ohrenbetäubendes Glockenschellen den Beginn der Puja an. Etwa eine halbe Stunde dauert die Zeremonie, während der der Priester immer wieder durch den Vorhang verschwindet und murmelnd erscheint. Öllampen werden angezündet und geschwenkt, Opfergaben gesegnet und ins Sanktum gebracht. Vor dem Tempel eine lange Schlange Wartender, die Kataragama opfern wollen. Durch eine Seitentüre verlassen sie den Tempel wieder, allerdings nicht ohne eine Handvoll Götterspeise – mit Nüssen und Früchten köstlich gewürzter Milchreis.

Die Hindus besuchen nun weitere Tempel. In unmittelbarer Nähe der Maha Devale stehen die Kovil von Vishnu und Ganesh, in der Nähe sind Tempel der Göttinnen Kali und Pattini. Die Buddhisten hingegen machen sich auf zur Kiri Vihara, dem Milchtempel. Wo heute diese große Dagoba steht, einige hundert Meter hinter dem Kataragama-Tempel, soll Buddha einst meditiert haben.

Oben auf der Treppe legen die Gläubigen zunächst ihre Blüten nieder. Viele umrunden dann die Dagoba im Uhrzeigersinn, ein Ritus, der die Bewegung der Himmelskörper symbolisiert. Andere sitzen in Gruppen zum Gebet, verneigen sich vor der Dagoba.

Spieße durchbohren Zunge und Wangen, Haken mit Ösen werden ins Rückenfleisch getrieben

Im Monat Esala, spätestens bei Neumond, verwandelt sich das Dorf im Dschungel in ein brodelndes Tohuwabohu. Viele Pilger beginnen mit ihrer Selbstkasteiung schon auf dem Hinweg. Es gibt Büßer, die ihr hölzernes Kavady über hundert Kilometer zu Fuß nach Kataragama tragen.

Andere wälzen sich von der Brücke aus mit nacktem Oberkörper im heißen Sand zur Devale.

Ein Gläubiger hat sich mit kleinen Spießen Wangen und Zunge durchstochen. In Armen, Brust und Rücken stecken kleine silberne Pfeile. Schwitzende Trommler mit der schlanken Geta-Bera vor dem Bauch schlagen fanatisch auf ihr Instrument ein, während mit Asche beschmierte Pilger sich sechs oder mehr Haken ins Rückenfleisch treiben lassen. An den Ösen werden Schnüre befestigt, mit denen ein Begleiter den Büßer an die Leine nimmt. Andere ziehen an diesen Schnüren kleine Wagen mit Darstellungen der Gottheit hinter sich her. Ein Büßer im Lendenschurz läßt sich an solchen Haken sogar aufhängen. Die Selbstaufopferung scheint keine Grenzen zu kennen.

Bei all diesen Kasteiungen ist nur selten ein Tropfen Blut zu sehen. Das ist nur möglich, wenn sich die Gläubigen in Trance befinden, und tatsächlich werden überall Beschwörungsformeln gemurmelt. Heilige Asche wird auf Stirn und Oberkörper verstrichen, der Körper mit heiligem Wasser besprengt. Rhythmische Trommelschläge und quäkende Muschelhörner treiben die Pilger in Ekstase.

Die eigentlichen Prozessionen finden nachts statt. In neun Nächten vor Vollmond wird das Yantra dem Sanktum der Maha Devale entnommen und in einem Kästchen auf dem Rücken eines Elefanten zum Tempel der Valli-amma gebracht. So wird symbolisch die Hochzeit des Gottes mit dem Mädchen des Wedda nachvollzogen. Nach einer Viertelstunde tritt die Prozession den Rückweg zum Kataragama-Tempel an, wo der Priester die Reliquie ins Sanktum zurücklegt.

In der zweitletzten Nacht des Festes, etwa um drei Uhr morgens, findet das Feuerlaufen statt. Schon Stunden zuvor ziehen sich die Teilnehmer zu Meditation und religiösen Handlungen zurück, um sich so in Trance zu versetzen. Wenn das mit Kampfer entfachte reine Feuer niedergebrannt ist, wird die glühende Kohle in einem Rechteck verteilt. Darüber schreiten nun die Teilnehmer hinweg, einige in hektischen Bewegungen, andere gemächlichen Schrittes. Während manche völlig unverletzt bleiben, verbrennen sich Laien immer wieder die Füße. Oft kommt es sogar vor, daß jemand seine Martern übertreibt und ums Leben kommt.

Die Esala Perahera in Kandy, der letzten Königsstadt Sri Lankas, dem Hort des Buddhismus

An der Kataragama Perahera, zu Ehren des unberechenbaren Kriegsgottes, nehmen Hindus, Buddhisten und Moslems teil. Die größte und prunkvollste Prozession findet fast immer zur selben Zeit in Kandy statt und vereinigt auf ganz andere Art ebenfalls buddhistische und hinduistische Bräuche.

Lange zuvor bereitet sich die Stadt auf das große Fest vor.

Im kolonialen Queen's Hotel sind die Böden schon frühmorgens auf Hochglanz gebohnert. Längs der Straße zum Zahntempel werden Tribünen fertigmontiert, Glühbirnen ausgewechselt, Pflaster gefegt. Kandy will sich im Hochglanz präsentieren. Auch Polizei und Armee sind im Großeinsatz, errichten Straßensperren, suchen Zuschauerränge mit Metalldetektoren ab, Kontrollen überall.

Wenig Anlässe haben eine derart lange Tradition. Die erste Beschreibung einer Perahera stammt vom weltreisenden chinesischen Mönch Fa Hsien. Er besuchte Sri Lanka zu Beginn des 5. Jahrhunderts und sah die jährliche Prozession zu Ehren der Zahnreliquie in Anuradhapura. Schon damals wählte der König einen riesigen Elefanten aus. Das bunt geschmückte Tier trug den heiligen Zahn in einer Prozession durch die Straßen, anschließend wurde die Reliquie zur Schau gestellt.

Noch immer steht ein Elefant im Mittelpunkt. Genüßlich schiebt sich Raja ein neues Stück Palmholz in den Mundwinkel und legt dann den Rüssel auf einen seiner gewaltigen Stoßzähne. Sein Mahout, Aufseher, Reiter und Stallknecht in einem, wirft ihm behend ein paar Blätter vor die Füße. Der Dickhäuter soll sich erst an die Tempelatmosphäre gewöhnen. Nach einer ausgiebigen Dusche am nahen Brunnen wartet er in der Eingangshalle des Zahntempels darauf, eingekleidet zu werden. Hunderttausende werden sich erheben, wenn Raja mit der tempelähnlichen Schatulle auf dem Rücken gemessen vorbeischreitet.

Ein zehntägiges Fest für einen Zahn? Als Gautama Buddha vor über 2 500 Jahren ins Nirvana einging und seine Leiche verbrannt war, wurden der Legende zufolge vier Zähne aus der Asche geborgen. Gott Indra sicherte sich einen davon, die mystischen Nagas verwahrten einen zweiten auf dem Meeresgrund, ein dritter gelangte nach China. Den linken Eckzahn brachte die buddhistische Nonne Hemamala zu Beginn des vierten Jahrhunderts nach Sri Lanka. Seither wurde der Zahn in der jeweiligen Hauptstadt der Insel gehütet und verehrt. Dem Diyawadana Nilame, Verwalter des Zahntempels, scheint diese Bedeutung offensichtlich: „Die Philosophie, die Buddha lehrte, das alles kam aus seinem Mund und berührte die Zahnreliquie. Alle Worte, die Buddha sprach, berührten die Zahnreliquie. Das ist Grund, weshalb die Zahnreliquie für uns wertvoller ist als alle anderen Reliquien."

Weil die Zahnreliquie unersetzlich ist, wird sie an der Perahera nie mitgeführt. Die Schatulle auf Rajas Rücken enthält zwar 34 Reliquien Buddhas, nicht aber den Zahn. Schon im 13. Jahrhundert eroberten nämlich Tamilen die Reliquie und entführten sie nach Südindien. Erst nach zähen Verhandlungen erhielt der singhalesische König den Zahn zurück. 1411 wurde er samt König und Königin erneut entführt, diesmal nach China. Auf wundersame Weise tauchte der Zahn ein Jahr später anläßlich der Krönung des neuen Königs wieder auf. Und im 16. Jahrhundert behaupteten die Portugiesen hartnäckig, sie hätten den Zahn nach Goa gebracht, zerstampft und verbrannt. Tatsächlich, und das weiß jeder Singhalese, liegt der fünf Zentimeter lange Zahn noch heute im Zahntempel in Kandy. Überraschenderweise war er wieder aufgetaucht und galt weiterhin als *das* Symbol für die Staatsmacht. Auch die Briten brachen den Widerstand im Königreich Kandy erst, als sie 1815 den Zahn in ihren Besitz gebracht hatten. Wohl weil sie die Echtheit anzweifelten, gaben sie ihn kurze Zeit später zurück und erlaubten auch das Abhalten der jährlichen Perahera.

Heute gilt den Buddhisten die Einführung ihres Glaubens als das größte geschichtliche Ereignis in Sri Lanka, die Perahera als das höchste religiöse Fest. Und es ist mehr als das: Es symbolisiert das Zusammengehen des Staates mit der Staatsreligion. So ist das Fest auch eine Demonstration dafür, daß in Sri Lanka nach wie vor die Singhalesen das Sagen haben. Noch heute gibt der Diyawadana Nilame nach Abschluß der Tag-Perahera dem Staatspräsidenten den erfolgreichen Abschluß der Prozessionen bekannt. Denn noch heute glauben viele Singhalesen, daß einzig der Besitz des Zahns die Macht im Land garantiert. Ist es wirklich ein echter Zahn Buddhas? Absurde Frage, meint ein singhalesischer Journalist. All die Leute würden wohl kaum zur Perahera kommen, um eine falsche Reliquie zu ehren.

V es-Tänzer und Udekki-Trommler machen sich für den Umzug bereit

Unvermittelt wird die Stille von einem markerschütternden Böllerschuß zerrissen. In einer Stunde muß alles bereit sein für die erste Prozession. Schmächtige Singhalesen schwingen Raja eine Wolldecke über den Rücken. Darüber betten sie eine riesige Matratze und zurren sie mit dicken Seilen fest. Im Tempelinnern wird das emsige Treiben hektisch. Trommler und Flötisten richten ihre Kostüme, während Knaben mit Schellen nach ihren Kameraden suchen. Dazwischen schlängeln Trommler ihre schweren Instrumente zur Säulenhalle.

Dort, vor dem Tempel, machen sich auch die Ves-Tänzer bereit, stülpen das hölzerne Jatava auf den Kopf, darunter, wie eine Sonnenblende, das silberne Sikhabandhanaya. Die Ohren werden mit dem mangoförmigen Todupat bedeckt. Nicht weniger als 34 Teile gehören zum Kostüm eines Ves-Tänzers; kein Wunder, daß sie als die prächtigsten in ganz Asien gelten. Neben den klimpernden, klirrenden Tänzern hocken Udekki-Trommler und stimmen sorgfältig ihre Schlagfelle. Stehend binden sich andere ihre Hewisi um den Bauch und schlagen erste Wirbel.

Mit der Zeit wurde der Zahnreliquie magische Kraft zugeschrieben. In der damaligen Hauptstadt Anuradhapura, an der Grenze zwischen dem feuchttropischen Süden und dem trockenen Norden, hatte der Monsun entscheidenden Einfluß auf den Gang der Landwirtschaft. Trotz ausgeklügeltem Bewässerungssystem blieb die Ernte ohne jährlichen Regen gering. Schon früheste Schriften empfehlen deshalb einen alljährlichen Umzug zu Ehren der Reliquie und bei anhaltender Trockenheit weitere Zeremonien.

In einem kleinen Seitenzimmer des Zahntempels macht sich zwischen Kopiergerät, Aktenschrank, Telefonen und einem Bett der wichtigste Mann des Abends bereit. Viermal neun Meter Stoff läßt sich der Diyawadana Nilame umbinden: „Schon der König war jeweils so angezogen." Während ihm der Schneider sorgfältig die Stoffbahnen auflegt, seufzt er: „Seit frühmorgens bin ich beschäftigt. Erst eine Stunde vor der Prozession kann ich während des Anziehens meinen Geist ein bißchen ruhen lassen." Der Diyawadana Nilame ist der „Wächter über die Zahnreliquie", wie es gemeinhin heißt. „Eigentlich bedeutet Diyawadana Wasser", erklärt er, „ich bin also der Hüter des Wassers. Wenn wir alles richtig machen, sollte es zumindest einmal regnen während des zehntägigen Festes." Dann sind endlich alle Knoten am richtigen Ort, die 36 Meter Stoff fest „angezogen". Schwitzt man nicht in einem derart festsitzenden Kleid? „Nein, das gibt mir Kraft", lacht er: „Ich fühle mich wie ein Schwergewichtsweltmeister."

Als das Königreich von Anuradhapura zu Beginn des 11. Jahrhunderts zusammenbrach, war die buddhistische Bevölkerung der festen Ansicht, daß der Besitzer der heiligen Zahnreliquie das Anrecht auf den Thron hat. Für die Reliquie wurde deshalb in der neuen Hauptstadt Polonnaruwa ein Schrein in unmittelbarer Nähe des Palastes errichtet. Jedes Jahr im Monat Esala ließ der König eine Prozession abhalten. Rückten aus Südindien feindliche Krieger vor, versteckten Mönche den Zahn sofort im äußersten Süden. Und als im 16. Jahrhundert portugiesische Krieger die Küste besetzten, wurde der Zahn ins schwer einnehmbare Hochland nach Kandy gebracht.

Dort liegt der Zahn heute noch, im Schreinsaal des Zahntempels, geschützt in sieben goldenen Kassetten. Zu sehen bekommt man nur die äußerste. Drei Schlüssel braucht es, um die sieben Kassetten zu öffnen. Zwei sind bei den Oberhäuptern der beiden wichtigsten buddhistischen Sekten des Landes, den Mahanayake Theros, den dritten verwahrt der Diyawadana Nilame: „Manchmal stellen wir die Zahnreliquie öffentlich aus. Dann müssen wir die sieben Kassetten öffnen, und dazu müssen wir alle drei zusammenkommen, um sie zu öffnen. Das ist so aus Sicherheitsgründen. Anders können die sieben Kassetten nicht geöffnet werden."

Die Perahera – gemeinsamer Umzug eines buddhistischen und vier hinduistischer Tempel

Die erste Prozession steht kurz bevor. Gläubige sammeln sich in der Vorhalle. Hastig legen Tempeldiener einen Teppich vom Schrein zum Portal aus. Dort herrscht Auf-

regung. Zwar bedeckt ein majestätisches Gewand bereits Rajas massigen Körper, aber noch fehlen die Ohrenklappen. Auf dem Elefantenrücken kniend, versuchen drei Singhalesen das Reliquiengestell gerade zu binden, stellen dann drei Autobatterien hinein – Strom für die Lämpchen auf dem Rüssel.

Draußen ist es dunkel geworden. Vor dem Schreinsaal ist die Betriebsamkeit einer gespannten Ruhe gewichen. Erst als der Diyawadana Nilame den Schrein mit den Reliquien verläßt, begleiten ihn schrille und quäkende Flöten, vermischt mit „Sadhu, Sadhu"-Gesängen, auf dem Weg zum Elefanten. Als er vor Raja steht, wird das Reliquiar im Gestell festgebunden. Sänger, Trommler und Flötenspieler schreiten dem prachtvoll eingekleideten Dickhäuter voran, dahinter folgt gravitätisch der Diyawadana Nilame mit seinem Gefolge. Kaum hat Raja den Tempel verlassen, kracht ein zweiter Böllerschuß: das Zeichen für den Beginn der Perahera.

Die Nacht vor dem Tempel riecht nach Schweiß und Kokosöl. Hunderte von Fackelträgern säumen die Straße. Peitschenknaller kündigen den Umzug an und vertreiben die Geister. Ungeordnet die Fackelschwinger, wagemutige Burschen, die ihre Feuerräder bisweilen hoch in die Luft werfen und so die Route erleuchten. Fahnen und Banner aus allen Distrikten des singhalesischen Reiches folgen und dann, auf einem ersten Elefanten, der Peramuna Rala mit den Urkunden über alle Ländereien des Tempels. Trommelwirbel und Trompetengeschmetter künden die ersten Tänzer an. Auf dem zweiten Elefanten thront der Gajanayake Nilame, der Wächter des Elefantenstalles. Ihm schließen sich Dutzende von Tanzgruppen und halbe Elefantenherden an. Als Zuschauer möchte man nicht ausschließen, daß diese Mischung aus blitzenden Lichtern, donnernden Trommlern und Elefanten, die sich in dieser leichtfüßigen Menge wie schwere Wolken ausnehmen, tatsächlich Regen hervorbringt.

Der Zug bewegt sich tanzend, wirbelnd und brodelnd vorwärts, bis nach nahezu zwei Stunden endlich Raja aus dem Dunkel auftaucht und sich so anmutig vorwärtsbewegt, wie man es dem grauen Riesen nie zugetraut hätte. Hinter ihm erweisen die erfahrensten Ves-Tänzer dem Diyawadana Nilame die Ehre. Er bildet den Abschluß der Perahera – nicht aber den des Umzugs. Denn nun folgen ausgelassene Prozessionen der vier hinduistischen Devales zu Ehren von Natha, Vishnu, Kataragama und Pattini. Vier Hindugottheiten am wichtigsten buddhistischen Fest des Landes? Eigentlich ist es genau umgekehrt: Das Fest der Hindutempel wurde zu einem buddhistischen Umzug umfunktioniert.

Der Buddhismus war im Königreich Kandy zusehends verfallen. Als Kirti Sri Rajasingha 1747 an die Macht kam, lebten keine formell ordinierten Mönche mehr. Um diesem Notstand abzuhelfen, entsandte der König eine Delegation nach Thailand. Die hohen buddhistischen Gäste trafen die religiösen Bräuche in einem erbärmlichen Zustand an: Die singhalesischen Untertanen hatten statt Buddha immer öfter Hindugöttern gehuldigt und die alljährliche Perahera war eine rein hinduistische Angelegenheit. Die Prozessionen für die Zahnreliquie waren in Vergessenheit geraten. Der König handelte umgehend. 1775 fand die erste Dalada Maligawa Perahera statt, bei der die Zahnreliquie an vorderster Stelle mitgeführt wurde. Die vier Devales mußten sich diesem Umzug anschließen. Bei dieser Ordnung blieb es bis zum heutigen Tag.

Und dennoch haben die Devales ihren Einfluß behalten können. Fünf Tage vor dem eigentlichen Beginn der Perahera wird bei Neumond ein junger Baum, früher ein Esala-, heute zumeist ein Yak-Stämmchen gefällt und in vier Teile gesägt. Diese vier Kaps sind Symbol für Indra, den Regengott. Jede der vier Devales von Natha, Vishnu, Kataragama und Pattini bewahrt einen Baumstumpf im Tempel auf und hält fünf Tage lang innerhalb des Tempels Prozessionen mit Trommeln, Fahnen und Fackeln ab.

In der sechsten Nacht führt die Prozession zunächst um das in ein Tongefäß (Kumbala) umgepflanzte Kap. Erst dann findet die erste Perahera mit Beteiligung des Dalada Maligawa statt. Auf noch kurzen Wegen zieht fünf Nächte lang die Kumbal-Perahera durch die Straßen von Kandy. Die letzten fünf Nächte vor Vollmond findet die Randoli-Perahera statt, die sich an Glanz, Länge, Farbenpracht und Musik immer mehr steigert. Randoli werden die vier mitgeführten Sänften genannt, die die Gatten der vier Hindu-Gottheiten symbolisieren: Selbst die Namen der Umzüge werden bis heute von den Devales bestimmt.

Diese eigenartigen Verknüpfungen zwischen Buddhismus und Hinduismus findet man überall in Sri Lanka. Trotzdem sind einzig unter den Tänzern der Kataragama-Devale einige wenige Hindus, die sich an der Perahera beteiligen. Hindus sind in Sri Lanka Tamilen, und tamilische Eindringlinge aus Südindien waren es, welche die singhalesische Herrschaft immer wieder bedrohten. Was Wunder, daß in diesem Land, wo Mythen und Legenden eine so große Rolle spielen, Tamilen bis heute mit Mißtrauen begegnet wird. Die Angst, daß die Buddhisten verdrängt werden könnten, kommt immer wieder auf, wenn tamilische Politiker mehr Föderalismus oder die Freischärler gar einen eigenen Staat verlangen. Dabei zeigt gerade diese Perahera, daß hinduistische Gottheiten und sogar Geister zum buddhistischen Alltag gehören. Wie nahe sich Singhalesen und Tamilen eigentlich stehen, beweist auch eine Tatsache, die Singhalesen nur ungern wahrhaben: Alle Herrscher des Königreichs Kandy nach 1739 waren Tamilen, selbst der verehrte Kirti Sri Rajasingha, der dem Kult um die Zahnreliquie neue Geltung verschaffte.

Höhepunkt ist die Vollmondnacht. Die Maha Perahera, die große Prozession, zieht jedes Jahr Zehntausende von Zuschauern aus dem ganzen Land an. Rund 3 000 Tänzer, Trommler und Musikanten und über hundert festlich eingekleidete Elefanten nehmen an diesem längsten Umzug teil. Stundenlang wälzt sich diese Masse knallend, trommelnd, flötend und scheppernd durch die Straßen von Kandy. Auch nach dem Ende des Umzugs, gegen Mitternacht, kehrt noch keine Ruhe ein. Schon etwas müde, quält sich eine weitere Prozession in tiefer Nacht zur Gedige Vihara, einem buddhistischen Kloster. Hier werden die Reliquien bis zum nächsten Nachmittag aufbewahrt, gut bewacht von Vertretern der Devales.

Während sich die Tänzer des Zahntempels nun ausruhen können, ziehen die Gemeinschaften der vier Devales zum Mahaweli Fluß, wo in den frühen Morgenstunden symbolisch die Schleusen geöffnet werden: Mit einem Schwert „schneiden" Priester einen Kreis in das Wasser und füllen vier Karaffen, die ein Jahr lang in den Tempeln aufbewahrt werden. Unmittelbar danach nehmen viele ein reinigendes Bad im Mahaweli. Dann drängen die Menschenmengen zu den vier Randolis, den mitgetragenen Sänften, um eine Münze zu spenden und gesegnet zu werden. Kleinkinder werden unter den Tempelelefanten durchgetragen, einmal unter dem Rüssel, einmal unter dem Körper – die Kinder sind starr vor Schreck. Vor den Elefanten Frauen, die rasch ein paar Worte murmeln und dann eine Kokosnuß zu Boden schmettern.

Am Nachmittag bildet die einzige Tag-Perahera den Abschluß des Festes. Die vier Devales starten beim Ganesh-Tempel, wo sie den Vormittag über geruht haben. Menschentrauben säumen seit Stunden die Straße. Nervöse Polizisten schaffen Ordnung, damit die Prozession vorankommt. Erst nach langer Zeit finden die vier Hindu-Tempel mit dem Zahntempel zur letzten pompösen Perahera zusammen. Wie schon am Abend zuvor schreitet Raja auf der gesamten Route über einen weißen Teppich. Und tatsächlich: Es regnet, ganz fein zwar, aber eindeutig. „Wir hatten eine sehr erfolgreiche Perahera dieses Jahr", strahlt der Diyawadana Nilame zwei Stunden später: „Es funktioniert zwar jedes Jahr. Aber manchmal regnet es Tage später. Besser ist natürlich, wenn es wie dieses Jahr schon während des Umzugs regnet."

Ein Fest ist erfolgreich abgeschlossen. Irgendwo in Sri Lanka beginnt wahrscheinlich schon das nächste. Überall gibt es alltägliche Rituale und Zeremonien, jede Religion hat ihre Feiertage, jede Volksgruppe ihre Feste und fast immer feiern die andern ein bißchen mit. Toleranz prägt Sri Lankas Kalender, und die bunte Vielfalt ist es, die in diesem Land der lauten und leisen Töne immer neue Entdeckungen möglich macht.

Mit Feuer überreicht man seine Opfergaben. Die Augen durch verbrannte Kokosölschwaden gerötet, opfert ein junger Hindu. Tiefgläubig konzentriert er sich auf die heilige Handlung.

Nächste Seite:

Der Vorhof des Tempelbezirks von Kataragama ist voller Pilger. Magisch zieht sie das Feuer im Bronzekessel an. Nach kurzer Andacht werfen sie brennende Kokosnüsse in die lodernde Glut.

Nächtlicher Höhe-
punkt des Festes ist
der Feuerlauf. Men-
schen schreiten über die Feuerglut,
manche laufen wie die Hasen.

In Trance vor dem
Opferfeuer. Sie hat
den ganzen Tag in
Prozessionen der Hindus getanzt.
Helfer schützen sie vor der Gefahr,
ins Feuer zu stürzen. Wenig später
läßt sie sich ihre Wangen mit
spitzen Messern durchbohren.

Nächste Seite:

Der Feuertänzer
wartet, bis die mit
Kokosöl getränkten
Lappen angezündet sind. Heilige
Asche ist auf seinen Schultern. Der
große Umzug durch die Nacht
kann beginnen.

Fakire treiben Haken in
ihre Haut, befestigen
daran Schnüre und
rasen durch die Menge. Brutal
reißen Helfer an den Schnüren,
und nicht selten platzt die Haut.

Andere heilige Männer
werden an Haken
emporgezogen.
Heilige Asche soll ihre Haut schützen. Sie weissagen für ein paar
Rupien ernst lauschenden Pilgern.

Hindutänzerinnen
balancieren ihre
seltsamen Kopf-
gestelle in der Nacht. Die Musik ist
ohrenbetäubend, die Luft riecht
verbrannt von unzähligen Kokos-
ölfackeln.

Der alte Mann am Rande der Prozession spendet mit seiner Fackel Licht und zeigt den Pilgern, bis wohin sie dem Geschehen naherücken dürfen. Gebannt verfolgt er das Tohuwabohu des wilden, lärmenden Umzugs von Kataragama.

M it Peitschenknallen wird die Perahera in Kandy eröffnet. Nun kann der große Umzug beginnen. Wenn es regnet, ist man glücklich: Dann wird die Perahera gelingen. Sie steht ja unter einem guten Stern.

Wild wirbeln die weltberühmten Kandytänzer im lauten Rhythmus der Trommler. Sie sind prächtig ausstaffiert und tanzen ohne Unterlaß bis zur totalen Erschöpfung.

Nächste Seite:

Die triefende Nässe kann die Freude auf die Perahera nicht mindern. Die Menschen stehen stundenlang dicht gedrängt am Straßenrand und warten auf die Prozessionen.

Hindutänzerinnen tanzen nach Trommeln und schriller, durchdringender Flötenmusik. Ihr Tanz ist ein einziger Wirbel in rasendem Tempo.

N ach genau vorge-
schriebener Choreo-
grafie sind die dyna-
mischen Tänze der Kandytänzer.
Hier auf der Perahera herrscht eine
andere Tanzleidenschaft als bei den
Touristenvorstellungen in den
Tanzschulen der Stadt.

Der Höhepunkt eines
jeden Umzugs wäh-
rend der Perahera in
Kandy ist der riesige Zahnelefant,
der auf vor ihm ausgebreiteten
weißen Tüchern der Prozession
folgt. Er trägt jedoch niemals
wirklich den Zahn Buddhas. Das
wäre nach Meinung der Gläubigen
viel zu gefährlich.

Nächste Seite:

Abordnungen der ver-
schiedenen Tempel
folgen der Prozession.
Ein hoher Würdenträger reitet den
reich geschmückten Elefanten.

In der Nacht werden
Feuerräder gedreht.
Lichterfetzen hellen die
Dunkelheit auf. Fackellicht leuchtet
die Körper und Gesichter der
Akteure an. Das ist nicht ungefähr-
lich, oft kommt es zu schweren
Verbrennungen.

Nächste Seite:

Nachts werden die
Elefanten zusätzlich
mit Glühlämpchen
illuminiert. Allmählich lösen
sich die wilden Szenen auf, das
Getöse läßt nach. Die Perahera ist
zu Ende. Menschen strömen
zurück in ihre Häuser.